Contes sensuels

GUY DE MAUPASSANT

Contes sensuels

Préface
par
David FOENKINOS

GF Flammarion

David Foenkinos est l'auteur de plusieurs romans, traduits dans une quinzaine de pays, dont Le Potentiel érotique de ma femme *(Gallimard, 2004 – Prix Roger Nimier) et* Nos séparations *(Gallimard, 2008). Il a récemment publié une pièce de théâtre,* Célibataires *(Flammarion, 2008).*

Ces contes sont extraits du recueil
Les Sœurs Rondoli et autres contes sensuels,
éd. Antonia Fonyi, GF Flammarion, 1995.

ISBN : 978-2-0812-2339-4

PRÉFACE

par David FOENKINOS

Si vous lisez ces lignes, c'est que vous avez eu la bonne idée d'acheter deux volumes de la collection GF. Mais cette fois, pas de sac ni de marque-page en cadeau : vous recevez ce recueil de quelques contes sensuels de Guy de Maupassant. Lorsqu'on m'a proposé d'écrire cette préface, j'ai tout de suite été intrigué. Ai-je l'air d'un écrivain spécialiste en sensualité ? Quel honneur ! Disons juste que la sensualité est bien au cœur de chacun de mes romans, et que j'ai souvent fait allusion à une phrase sublime de Louis Aragon : « En vain la raison me dénonce la dictature de la sensualité. » Que j'aime cette expression, *dictature de la sensualité* ! Et c'est bien là le cœur fébrile et joyeux de tous ces courts textes de Maupassant. Ce qui me rapproche de lui, sûrement. Voilà un écrivain qui m'a beaucoup marqué dans ma jeunesse, surtout pour son rapport à la folie : « Le Horla », nouvelle fantastique évoquant l'aliénation et annonçant Kafka, est un texte qui ne m'a jamais quitté. Avec les

Contes sensuels, je suis content de redécouvrir son côté plus léger. Quoique... la dictature de la sensualité, ce n'est pas de tout repos. Le pauvre Maupassant était en permanence soumis au désir sensuel. Peut-être comme tous les écrivains finalement ? Peut-on réellement écrire sans rapport intime à la sensualité ? C'est la même chose, de toute évidence : les mots, et... les femmes. Maupassant est né, d'un point de vue littéraire, sous l'œil de Flaubert. Or il suffit de lire la *Correspondance* de ce dernier – sans parler des lettres d'Égypte où il raconte ses expériences dans les bordels du Caire – pour se rendre compte que, derrière l'auteur de *Madame Bovary*, se cache un parfait obsédé. Lors des premiers salons littéraires auxquels Maupassant participa, il pouvait à loisir écouter Émile Zola détailler avec précision ses affaires personnelles. Celui-ci avouait fièrement n'avoir « aucun sens moral » et « être capable de coucher avec les femmes de ses meilleurs amis ». De Tourgueniev à Daudet, chacun y allait de son éloge personnel de la débauche. Et les frères Goncourt résumaient ainsi ces réunions d'écrivains : « Tous des cochons. » Voilà une belle entrée en matière dans le monde littéraire.

La sensualité, cependant, n'a rien à voir avec ça. Elle est souvent bien plus raffinée, et heureusement. Il ne s'agit pas d'une confrontation directe avec la sexualité mais, au contraire, d'une histoire de détours. De là découle le charme absolu des sens qui permet d'introduire le plaisir des mots. Car il est souvent question de paroles, avant les étreintes. Si les *Contes sensuels* contournent d'une certaine manière la sexualité, celle-ci n'en reste pas moins omniprésente. Maupassant s'amuse visiblement à truffer ses nouvelles d'allusions sexuelles, plus ou moins fines. Je pense notamment à ce chasseur, dans « La rouille », qui passe son temps à tirer sur tous les animaux, à défaut de… enfin, vous me comprenez ! Ou encore au récit « Le moyen de Roger », où l'incapacité du personnage à faire sauter un bouchon de champagne représente l'impuissance sexuelle. Au-delà de ces métaphores, la sensualité évoque sans cesse l'acte. Finalement, le vrai sens de cette littérature se trouve dans l'exaltation du préliminaire. Tout comme dans les films de François Truffaut, il y a des jambes de femmes et des espoirs, des nuques et des souffles, mais on s'arrête souvent à la porte des chambres. Dans ses contes, Guy de Maupassant nous parle des baisers, des caresses, des avant-propos incessants de la chose… mais nous ne sommes pas dupes. Tous ces mots n'ont qu'une finalité : celle de la jouissance.

Et il s'agit bien de la jouissance à tout prix. Cette nécessité du plaisir est peut-être accrue chez les malades, chez ceux qui éprouvent le sentiment incessant de l'éphémère. Maupassant est mort à quarante-trois ans, dans des souffrances atroces. À la folie mentale qui hante « Le Horla », on ne devine pas forcément toutes les périodes où il a souffert de sa peau, ou des yeux. Ce mal-être permanent du corps a sûrement rendu plus acides et excessifs encore les moments de répit, ces moments où le corps devait vivre plus que jamais à cent à l'heure. Alors, il fallait avant tout éviter les contraintes. Et c'est bien là l'un des thèmes de ces contes : la liberté. Avec, en ligne de mire, le bannissement de l'ordre moral. Ses mots sur le mariage sont souvent durs, tels ceux qu'il prête au personnage de la grand-mère dans le conte « Jadis », qui est aussi un hommage au XVIIIe siècle galant, ignorant des codes bourgeois : « On a fait des lois qui combattent nos instincts, il le fallait ; mais les instincts sont toujours les plus forts, et on ne devrait pas trop leur résister, puisqu'ils viennent de Dieu tandis que les lois viennent des hommes. »

C'est aussi une façon assez sublime de justifier tous nos penchants sensuels. Car l'amour est l'offrande suprême de la nature, ne l'oublions pas. Maupassant se plaît ainsi à décrire la nature ou les demeures en utilisant un vocabulaire féminin, comme dans « Jadis », où il est question d'un « manoir qui fait des grâces comme une coquette ». Si nous sommes nés par l'amour et pour l'amour, tout cela est pourtant perverti par le sentiment de culpabilité incessant que l'on éprouve à se faire plaisir. Quel contresens de notre instinct ! Le conte « Clair de lune » illustre cette inclination. Pour l'abbé Marignan qui ne supporte pas les femmes, celles-ci ne peuvent être l'œuvre de Dieu. Il désapprouve au plus haut point les mœurs amoureuses. Une nuit, il décide de suivre sa nièce dans la forêt, car il pense qu'elle a un amant. Mais quand il aperçoit le couple, c'est la révélation suprême : la nuit, la féerie, la douceur, le terrain idéal de l'extase. L'amour apparaît, dans ce cadre, comme une volonté de la nature. Une volonté divine. Avec cette question comme un choc : « Dieu ne permet-il point l'amour, puisqu'il l'entoure visiblement d'une splendeur pareille ? » Si bien que l'abbé « s'enfuit, éperdu, presque honteux, comme s'il eût pénétré dans un temple où il n'avait pas le droit d'entrer »... Dans ce temple-là, tout est permis. Et l'essence de notre vie doit se trouver dans ces moments suspendus, où le jour cède la place à la rêverie nocturne.

Pour atteindre la beauté du sensuel, on doit tout mettre en œuvre. Donc aussi, parfois, prendre des risques. Ne pas faire l'économie de l'éventualité d'une déception. C'est ce qui arrive à la jeune femme d'« Une aventure parisienne ». Elle veut faire partie des *vraies* femmes. De ces femmes parisiennes qui passent leur temps dans le lit des artistes. Ah oui, elle rêve de rencontrer cet écrivain, et se montre capable d'une belle audace pour y parvenir. Quelle énergie quand il s'agit d'accommoder notre vie à notre envie ! Mais la poursuite des rêves laisse parfois des traces, et peut s'achever dans les larmes... C'est alors le code romantique qui nous rattrape. Un code qui ne s'oppose pourtant pas à la sensualité. L'histoire de cette jeune femme, dans sa quête du désir, illustre une idée qui est au cœur des *Contes sensuels* de Maupassant : vivre l'amour coûte que coûte, voilà ce qui compte. Puisque la satisfaction des sens s'impose comme l'impératif majeur de chaque récit, il sera toujours préférable d'être déçu plutôt que frustré.

Les leçons de Maupassant sont terriblement modernes. Ce n'est pas un hasard si la récente adaptation télévisuelle de plusieurs de ses contes a rencontré un franc succès. Les scènes, les situations et surtout les envies sont celles d'aujourd'hui, où plus que jamais la quête du bonheur et de la jouissance est au cœur de notre quotidien. On veut être heureux, quitte à changer de vie, à réinventer en permanence l'idée même de la famille. Maupassant, lui, est sûrement un psychorigide du plaisir, de la satisfaction. Il est capable d'écrire ce qui sonne comme un ordre : « Un baiser maladroit peut faire bien du mal » (« Le baiser »). Attention à chaque détail ! Le conte « Les mots d'amour » incarne, d'une manière excessivement drôle, ce *diktat* des sens : il ne faut pas interrompre le mouvement du plaisir. C'est un sacrilège, car la sensualité est un sortilège. Le monde s'arrête le temps des baisers. Sacha Guitry a dû s'inspirer de cette injonction pour sa pièce *Faisons un rêve*, où un couple en phase de séduction se parle pendant trois semaines avec les yeux. Et l'homme évoque l'angoisse qu'il éprouve à l'idée que la femme puisse subitement parler. Ça non ! Il ne faut surtout pas rompre le moindre charme par une parole.

Les mots, il convient de les écrire. Et comme Maupassant sait les écrire. Dans ces contes, il y a de magnifiques formules : « cette indéracinable tendresse qui germe toujours au cœur des femmes » (« Clair de lune ») ; « l'esprit à triple fond » des femmes, « dont les trois compartiments secrets sont remplis : l'un, d'inquiétude féminine toujours agitée ; l'autre, de ruse colorée en bonne foi ; le dernier enfin, de canaillerie charmante » (« Une aventure parisienne »). Ne faut-il pas avoir bien connu les femmes pour en parler ainsi ? Maupassant a vécu dans une maison peuplée de filles. L'idéal pour devenir écrivain. Des légendes parlent même de ses coïts en public... Ce besoin viscéral de vivre frénétiquement vient aussi, peut-être, de sa jeunesse austère. L'auteur des *Contes sensuels* a fait ses études dans des institutions religieuses, où le moindre signe de tendresse ou d'amitié franche pouvait être puni de renvoi. Quand on sort de là, on voit ce que ça donne ! En fin de compte, c'est sans doute la contrainte qui permet de comprendre et d'apprécier la liberté. Même si cette vie de débauche a parfois nui à l'image de Maupassant. Et que la gaieté et l'humour qui caractérisent son univers le propulsent pour certains dans la catégorie moins respectable des écrivains légers. Comme si l'exaltation des sens n'était pas un art majeur... De la même manière, on entend parfois que ses nouvelles ont moins de force que ses romans. Quelle erreur ! Il suffit de lire quelques contes pour que la force littéraire qui s'en dégage nous emporte. Le désir déteint sur le lecteur et une envie irrépressible vous prend : celle d'éteindre la lumière. N'est-ce pas ce que vous ferez ? Mais après, l'obscurité vous appartient.

Contes sensuels

Jadis

LE CHÂTEAU de style ancien est sur une colline boisée ; de grands arbres l'entourent d'une verdure sombre ; et le parc infini étend ses perspectives tantôt sur des profondeurs de forêt, tantôt sur les pays environnants. À quelques mètres de la façade se creuse un bassin de pierre où se baignent des dames de marbre ; d'autres bassins étagés se succèdent jusqu'au pied du coteau, et une source emprisonnée roule ses cascades de l'un à l'autre.

Du manoir qui fait des grâces comme une coquette surannée, jusqu'aux grottes incrustées de coquillages, et où sommeillent des amours d'un autre siècle, tout, en ce domaine antique, a gardé la physionomie des vieux âges ; tout semble parler encore des coutumes anciennes, des mœurs d'autrefois, des galanteries passées, et des élégances légères où s'exerçaient nos aïeules.

Dans un petit salon Louis XV, dont les murs sont couverts de bergers marivaudant avec des bergères, de belles dames à paniers et de messieurs galants et frisés, une toute vieille femme qui semble morte aussitôt qu'elle ne remue plus est presque couchée dans un grand fauteuil et laisse pendre de chaque côté ses mains osseuses de momie.

Son regard voilé se perd au loin par la campagne, comme pour suivre à travers le parc des visions de sa jeunesse. Un souffle d'air parfois arrive par la fenêtre ouverte, apporte des senteurs d'herbes et des parfums de fleurs. Il fait voltiger ses cheveux blancs autour de son front ridé et les souvenirs vieux dans sa pensée.

À ses côtés, sur un tabouret de tapisserie, une jeune fille aux longs cheveux blonds tressés sur le dos, brode un ornement d'autel. Elle a des yeux rêveurs, et, pendant que travaillent ses doigts agiles, on voit qu'elle songe.

Mais l'aïeule a tourné la tête.

– Berthe, dit-elle, lis-moi donc un peu les gazettes, afin que je sache encore quelquefois ce qui se passe en ce monde.

La jeune fille prit un journal et le parcourut du regard.

– Il y a beaucoup de politique, grand-mère, faut-il passer ?

– Oui, oui, mignonne. N'y a-t-il pas d'histoires d'amour ? La galanterie est donc morte en France qu'on ne parle plus d'enlèvements ni d'aventures comme autrefois.

La jeune fille chercha longtemps.

– Voilà, dit-elle. C'est intitulé : « Drame d'amour ».

La vieille femme sourit dans ses rides.

– Lis-moi cela, dit-elle.

Et Berthe commença. C'était une histoire de vitriol. Une femme, pour se venger d'une maîtresse de son mari, lui avait brûlé le visage et les yeux. Elle était sortie des Assises acquittée, innocentée, aux applaudissements de la foule.

L'aïeule s'agitait sur son siège et répétait :

– C'est affreux, mais c'est affreux cela ! Trouve-moi donc autre chose, mignonne.

Berthe chercha ; et, plus loin, toujours aux tribunaux, se mit à lire : « Sombre drame. » Une demoiselle de magasin, déjà mûre, s'était laissé choir entre les bras d'un jeune homme ; puis, pour se venger de son amant, dont le cœur était volage, elle lui avait tiré un coup de revolver. Le malheureux resterait estropié. Les jurés, gens moraux, prenant parti pour l'amour illégitime de la meurtrière, l'avaient acquittée honorablement.

Cette fois, la vieille grand-mère se révolta tout à fait, et, la voix tremblante :

– Mais vous êtes donc fous aujourd'hui ? Vous êtes fous ! Le bon Dieu vous a donné l'amour, la seule séduction de la vie ; l'homme y a joint la galanterie, la seule distraction de nos heures, et voilà que vous y mêlez du vitriol et du revolver, comme on mettrait de la boue dans un flacon de vin d'Espagne.

Berthe ne paraissait pas comprendre l'indignation de son aïeule.

– Mais, grand-mère, cette femme s'est vengée. Songe donc, elle était mariée, et son mari la trompait.

La grand-mère eut un soubresaut.

– Quelles idées vous donne-t-on, à vous autres jeunes filles, aujourd'hui ?

Berthe répondit :

– Mais le mariage c'est sacré, grand-mère !

L'aïeule tressaillit en son cœur de femme née encore au grand siècle galant.

– C'est l'amour qui est sacré, dit-elle. Écoute, fillette, une vieille qui a vu trois générations et qui en sait long, bien long sur les hommes et sur les femmes. Le mariage et l'amour n'ont rien à voir ensemble. On se marie pour fonder une famille, et on forme des familles pour constituer la société. La société ne peut pas se passer du mariage. Si la société est une chaîne, chaque famille en est un anneau. Pour souder ces anneaux-là on cherche toujours les métaux pareils. Quand on se marie il faut unir les convenances, combiner les fortunes, joindre les races semblables, travailler pour l'intérêt commun qui est la richesse et les enfants. On ne se marie qu'une fois, fillette, parce que le monde l'exige, mais on peut aimer vingt fois dans sa vie parce que la nature nous a faits ainsi. Le mariage c'est une loi, vois-tu, et l'amour c'est un instinct qui nous pousse tantôt à droite, tantôt à gauche. On a fait des lois qui combattent nos instincts, il le fallait ; mais les instincts toujours sont les plus forts, et on ne devrait pas trop leur résister, puisqu'ils viennent de Dieu tandis que les lois ne viennent que des hommes.

Si on ne parfumait pas la vie avec de l'amour, le plus d'amour possible, mignonne, comme on met du sucre dans les drogues pour les enfants, personne ne voudrait la prendre telle qu'elle est.

Berthe, effarée, ouvrait ses grands yeux. Elle murmura :

– Oh ! grand-mère, grand-mère, on ne peut aimer qu'une fois.

L'aïeule leva vers le ciel ses mains tremblantes, comme pour invoquer encore le Dieu défunt des galanteries. Elle s'écria indignée :

– Vous êtes devenus une race de vilains, une race du commun. Depuis la Révolution le monde n'est plus reconnaissable. Vous avez mis des grands mots dans toutes les actions, et des devoirs ennuyeux à tous les coins de l'existence ; vous croyez à l'égalité et à la passion éternelle. Des gens ont fait des vers pour vous dire qu'on mourait d'amour. De mon temps on faisait des vers pour apprendre aux hommes à aimer toutes les femmes. Et nous !... Quand un gentilhomme nous plaisait, fillette, on lui envoyait un page. Et quand il nous venait au cœur un nouveau caprice, on avait vite fait de congédier le dernier amant... à moins qu'on ne les gardât tous les deux...

La vieille souriait d'un sourire pointu : et dans son œil gris une malice brillait, la malice spirituelle et sceptique de ces gens qui ne se croyaient point de la même pâte que les autres et qui vivaient en maîtres pour qui ne sont point faites les croyances communes.

La jeune fille, toute pâle, balbutia :

– Alors les femmes n'avaient pas d'honneur.

La grand-mère cessa de sourire. Si elle avait gardé dans l'âme quelque chose de l'ironie de Voltaire, elle avait aussi un peu de la philosophie enflammée de Jean-Jacques : – Pas d'honneur ! parce qu'on aimait, qu'on osait le dire et même s'en vanter ? Mais, fillette, si une de nous, parmi les plus grandes dames de France, était demeurée sans amant, toute la cour en aurait ri. Celles qui voulaient vivre autrement n'avaient qu'à entrer au couvent. Et vous vous imaginez peut-être que vos maris n'aimeront que vous dans toute leur vie. Comme si ça se pouvait, vraiment ! Je te dis, moi, que le mariage est une chose nécessaire pour que la Société vive, mais qu'il n'est pas dans la nature de notre race, entends-tu bien ? Il n'y a dans la vie qu'une bonne chose, c'est l'amour.

Et comme vous le comprenez mal, comme vous le gâtez, vous en faites quelque chose de solennel comme un sacrement, ou quelque chose qu'on achète comme une robe.

La jeune fille prit en ses mains tremblantes les mains ridées de la vieille.

– Tais-toi, grand-mère, je t'en supplie.

Et, à genoux, les larmes aux yeux, elle demandait au ciel une grande passion, une seule passion éternelle, selon le rêve des poètes modernes, tandis que l'aïeule, la baisant au front, toute pénétrée encore de cette charmante et saine raison dont les philosophes galants saupoudrèrent le dix-huitième siècle, murmurait :

– Prends garde, pauvre mignonne ; si tu crois à des folies pareilles, tu seras bien malheureuse.

Une aventure parisienne

EST-IL un sentiment plus aigu que la curiosité chez la femme ? Oh ! savoir, connaître, toucher ce qu'on a rêvé ! Que ne ferait-elle pas pour cela ? Une femme, quand sa curiosité impatiente est en éveil, commettra toutes les folies, toutes les imprudences, aura toutes les audaces, ne reculera devant rien. Je parle des femmes vraiment femmes, douées de cet esprit à triple fond qui semble, à la surface, raisonnable et froid, mais dont les trois compartiments secrets sont remplis : l'un, d'inquiétude féminine toujours agitée ; l'autre, de ruse colorée en bonne foi, de cette ruse de dévots, sophistique et redoutable ; le dernier enfin, de canaillerie charmante, de tromperie exquise, de délicieuse perfidie, de toutes ces perverses qualités qui poussent au suicide les amants imbécilement crédules, mais ravissent les autres.

Celle dont je veux dire l'aventure était une petite provinciale, platement honnête jusque-là. Sa vie, calme en apparence, s'écoulait dans son ménage, entre un mari très occupé et deux enfants, qu'elle élevait en femme irréprochable. Mais son cœur frémissait d'une curiosité inassouvie, d'une démangeaison d'inconnu. Elle songeait à Paris, sans cesse, et lisait avidement les journaux mondains. Le récit des fêtes, des toilettes, des joies, faisait bouillonner ses désirs ; mais elle était surtout mystérieusement troublée par les échos pleins de sous-entendus, par les voiles à demi soulevés en des phrases habiles, et qui laissent entrevoir des horizons de jouissances coupables et ravageantes.

De là-bas elle apercevait Paris dans une apothéose de luxe magnifique et corrompu.

Et pendant les longues nuits de rêve, bercée par le ronflement régulier de son mari qui dormait à ses côtés sur le dos, avec un foulard autour du crâne, elle songeait à ces hommes connus dont les noms apparaissent à la première page des journaux comme de grandes étoiles dans un ciel sombre ; et elle se figurait leur vie affolante, avec de continuelles débauches, des orgies antiques épouvantablement voluptueuses et des raffinements de sensualité si compliqués qu'elle ne pouvait même se les figurer.

Les boulevards lui semblaient être une sorte de gouffre des passions humaines ; et toutes leurs maisons recelaient assurément des mystères d'amour prodigieux.

Elle se sentait vieillir cependant. Elle vieillissait sans avoir rien connu de la vie, sinon ces occupations régulières, odieusement monotones et banales qui constituent, dit-on, le bonheur du foyer. Elle était jolie encore, conservée dans cette existence tranquille comme un fruit d'hiver dans une armoire close ; mais rongée, ravagée, bouleversée d'ardeurs secrètes. Elle se demandait si elle mourrait sans avoir connu toutes ces ivresses damnantes, sans s'être jetée une fois, une seule fois, tout entière dans ce flot des voluptés parisiennes.

Avec une longue persévérance, elle prépara un voyage à Paris, inventa un prétexte, se fit inviter par des parents, et, son mari ne pouvant l'accompagner, partit seule.

Sitôt arrivée, elle sut imaginer des raisons qui lui permettraient au besoin de s'absenter deux jours ou plutôt deux nuits, s'il le fallait, ayant retrouvé, disait-elle, des amis qui demeuraient dans la campagne suburbaine.

Et elle chercha. Elle parcourut les boulevards sans rien voir, sinon le vice errant et numéroté. Elle sonda de l'œil les grands cafés, lut attentivement la petite correspondance du *Figaro*, qui lui apparaissait chaque matin comme un tocsin, un rappel de l'amour.

Et jamais rien ne la mettait sur la trace de ces grandes orgies d'artistes et d'actrices ; rien ne lui révélait les temples de ces débauches qu'elle imaginait fermés par un mot magique, comme la caverne des *Mille et Une Nuits* et ces catacombes de Rome, où s'accomplissaient secrètement les mystères d'une religion persécutée.

Ses parents, petits bourgeois, ne pouvaient lui faire connaître aucun de ces hommes en vue dont les noms bourdonnaient dans sa tête ; et, désespérée, elle songeait à s'en retourner, quand le hasard vint à son aide.

Un jour, comme elle descendait la rue de la Chaussée-d'Antin, elle s'arrêta à contempler un magasin rempli de ces bibelots japonais si colorés qu'ils donnent aux yeux une sorte de gaieté. Elle considérait les mignons ivoires bouffons, les grandes potiches aux émaux flambants, les bronzes bizarres, quand elle entendit, à l'intérieur de la boutique, le patron qui, avec force révérences, montrait à un gros petit homme chauve de crâne, et gris de menton, un énorme magot ventru, pièce unique, disait-il.

Et à chaque phrase du marchand, le nom de l'amateur, un nom célèbre, sonnait comme un appel de clairon. Les autres clients, des jeunes femmes, des messieurs élégants, contemplaient, d'un coup d'œil furtif et rapide, d'un coup d'œil comme il faut et manifestement respectueux, l'écrivain renommé qui, lui, regardait passionnément le magot de porcelaine. Ils étaient aussi laids l'un que l'autre, laids comme deux frères sortis du même flanc.

Le marchand disait : « Pour vous, monsieur Jean Varin, je le laisserai à mille francs ; c'est juste ce qu'il me coûte. Pour tout le monde ce serait quinze cents francs ; mais je tiens à ma clientèle d'artistes et je lui fais des prix spéciaux. Ils viennent tous chez moi, monsieur Jean Varin. Hier, M. Busnach m'achetait une grande coupe ancienne. J'ai vendu l'autre jour deux flambeaux comme ça (sont-ils beaux, dites ?) à M. Alexandre Dumas. Tenez, cette pièce que vous tenez là, si M. Zola la voyait, elle serait vendue, monsieur Varin. »

L'écrivain très perplexe hésitait, sollicité par l'objet, mais songeant à la somme ; et il ne s'occupait pas plus des regards que s'il eût été seul dans un désert.

Elle était entrée tremblante, l'œil fixé effrontément sur lui, et elle ne se demandait même pas s'il était beau, élégant ou jeune. C'était Jean Varin lui-même, Jean Varin !

Après un long combat, une douloureuse hésitation, il reposa la potiche sur une table. « Non, c'est trop cher », dit-il.

Le marchand redoublait d'éloquence. « Oh ! monsieur Jean Varin, trop cher ? cela vaut deux mille francs comme un sou. »

L'homme de lettres répliqua tristement en regardant toujours le bonhomme aux yeux d'émail : « Je ne dis pas non ; mais c'est trop cher pour moi. »

Alors, elle, saisie d'une audace affolée, s'avança : « Pour moi, dit-elle, combien ce bonhomme ? »

Le marchand, surpris, répliqua :

« Quinze cents francs, madame. »

« Je le prends. »

L'écrivain, qui jusque-là ne l'avait pas même aperçue, se retourna brusquement, et il la regarda des pieds à la tête en observateur, l'œil un peu fermé ; puis, en connaisseur, il la détailla.

Elle était charmante, animée, éclairée soudain par cette flamme qui jusque-là dormait en elle. Et puis une femme qui achète un bibelot quinze cents francs n'est pas la première venue.

Elle eut alors un mouvement de ravissante délicatesse ; et se tournant vers lui, la voix tremblante : « Pardon, monsieur, j'ai été sans doute un peu vive ; vous n'aviez peut-être pas dit votre dernier mot. »

Il s'inclina : « Je l'avais dit, madame. »

Mais elle, tout émue : « Enfin, monsieur, aujourd'hui ou plus tard, s'il vous convient de changer d'avis, ce bibelot est à vous. Je ne l'ai acheté que parce qu'il vous avait plu. »

Il sourit, visiblement flatté. « Comment donc me connaissiez-vous ? » dit-il.

Alors elle lui parla de son admiration, lui cita ses œuvres, fut éloquente.

Pour causer, il s'était accoudé à un meuble, et plongeant en elle ses yeux aigus, il cherchait à la deviner.

Quelquefois, le marchand, heureux de posséder cette réclame vivante, de nouveaux clients étant entrés, criait à l'autre bout du magasin : « Tenez, regardez ça, monsieur Jean Varin, est-ce beau ? » Alors toutes les têtes se levaient, et elle frissonnait de plaisir à être vue ainsi causant intimement avec un Illustre.

Grisée enfin, elle eut une audace suprême, comme les généraux qui vont donner l'assaut. – « Monsieur, dit-elle, faites-moi un grand, un très grand plaisir. Permettez-moi de vous offrir ce magot comme souvenir d'une femme qui vous admire passionnément et que vous aurez vue dix minutes. »

Il refusa. Elle insistait. Il résista, très amusé, riant de grand cœur.

Elle, obstinée, lui dit : « Eh bien ! je vais le porter chez vous tout de suite ; où demeurez-vous ? »

Il refusa de donner son adresse ; mais elle, l'ayant demandée au marchand, la connut, et, son acquisition payée, elle se sauva vers un fiacre. L'écrivain courut pour la rattraper, ne voulant point s'exposer à recevoir ce cadeau, qu'il ne saurait à qui rapporter. Il la joignit quand elle sautait en voiture, et il s'élança, tomba presque sur elle, culbuté par le fiacre qui se mettait en route ; puis il s'assit à son côté, fort ennuyé.

Il eut beau prier, insister, elle se montra intraitable. Comme ils arrivaient devant la porte, elle posa ses conditions. « Je consentirai, dit-elle, à ne point vous laisser cela, si vous accomplissez aujourd'hui toutes mes volontés. »

La chose lui parut si drôle qu'il accepta.

Elle demanda : « Que faites-vous ordinairement à cette heure-ci ? »

Après un peu d'hésitation : « Je me promène », dit-il.

Alors, d'une voix résolue, elle ordonna : « Au Bois ! »

Ils partirent.

Il fallut qu'il lui nommât toutes les femmes connues, surtout les impures, avec des détails intimes sur elles, leur vie, leurs habitudes, leur intérieur, leurs vices.

Le soir tomba. « Que faites-vous tous les jours à cette heure ? » dit-elle.

Il répondit en riant : « Je prends l'absinthe. »

Alors, gravement, elle ajouta : « Alors, monsieur, allons prendre l'absinthe. »

Ils entrèrent dans un grand café du boulevard qu'il fréquentait, et où il rencontra des confrères. Il les lui présenta tous. Elle était folle de joie. Et ce mot sonnait sans répit dans sa tête : « Enfin, enfin ! »

Le temps passait, elle demanda : « Est-ce l'heure de votre dîner ? »

Il répondit : « Oui, madame. »

« Alors, monsieur, allons dîner. »

En sortant du café Bignon : « Le soir, que faites-vous ? » dit-elle.

Il la regarda fixement : « Cela dépend ; quelquefois je vais au théâtre. »

« Eh bien, monsieur, allons au théâtre. »

Ils entrèrent au Vaudeville, par faveur, grâce à lui, et, gloire suprême, elle fut vue par toute la salle à son côté, assise aux fauteuils de balcon.

La représentation finie, il lui baisa galamment la main : « Il me reste, madame, à vous remercier de la journée délicieuse... » Elle l'interrompit. – « À cette heure-ci, que faites-vous toutes les nuits ? »

« Mais... mais... je rentre chez moi. »

Elle se mit à rire, d'un rire tremblant.

« Eh bien, monsieur… allons chez vous. »

Et ils ne parlèrent plus. Elle frissonnait par instants, toute secouée des pieds à la tête, ayant des envies de fuir et des envies de rester, avec, tout au fond du cœur, une bien ferme volonté d'aller jusqu'au bout.

Dans l'escalier, elle se cramponnait à la rampe, tant son émotion devenait vive ; et il montait devant, essoufflé, une allumette-bougie à la main.

Dès qu'elle fut dans la chambre, elle se déshabilla bien vite et se glissa dans le lit sans prononcer une parole ; et elle attendit, blottie contre le mur.

Mais elle était simple comme peut l'être l'épouse légitime d'un notaire de province, et lui plus exigeant qu'un pacha à trois queues. Ils ne se comprirent pas, pas du tout.

Alors il s'endormit. La nuit s'écoula, troublée seulement par le tic-tac de la pendule ; et elle, immobile, songeait aux nuits conjugales ; et sous les rayons jaunes d'une lanterne chinoise elle regardait, navrée, à son côté, ce petit homme sur le dos, tout rond, dont le ventre en boule soulevait le drap comme un ballon gonflé de gaz. Il ronflait avec un bruit de tuyau d'orgue, des renâclements prolongés, des étranglements comiques. Ses vingt cheveux profitaient de son repos pour se rebrousser étrangement, fatigués de leur longue station fixe sur ce crâne nu dont ils devaient voiler les ravages. Et un filet de salive coulait d'un coin de sa bouche entrouverte.

L'aurore enfin glissa un peu de jour entre les rideaux fermés. Elle se leva, s'habilla sans bruit, et déjà elle avait ouvert à moitié la porte, quand elle fit grincer la serrure et il s'éveilla en se frottant les yeux.

Il demeura quelques secondes avant de reprendre entièrement ses sens, puis, quand toute l'aventure lui fut revenue, il demanda : « Eh bien, vous partez ? »

Elle restait debout, confuse. Elle balbutia : « Mais oui, voici le matin. »

Il se mit sur son séant : « Voyons, dit-il, à mon tour j'ai quelque chose à vous demander. »

Elle ne répondait pas, il reprit : « Vous m'avez bigrement étonné depuis hier. Soyez franche, avouez-moi pourquoi vous avez fait tout ça ; car je n'y comprends rien. »

Elle se rapprocha doucement, rougissante comme une vierge. « J'ai voulu connaître... le... le vice... eh bien... eh bien, ce n'est pas drôle. »

Et elle se sauva, descendit l'escalier, se jeta dans la rue.

L'armée des balayeurs balayait. Ils balayaient les trottoirs, les pavés, poussant toutes les ordures au ruisseau. Du même mouvement régulier, d'un mouvement de faucheurs dans les prairies, ils repoussaient les boues en demi-cercle devant eux ; et, de rue en rue, elle les retrouvait comme des pantins montés, marchant automatiquement avec un ressort pareil.

Et il lui semblait qu'en elle aussi on venait de balayer quelque chose, de pousser au ruisseau, à l'égout, ses rêves surexcités.

Elle rentra, essoufflée, glacée, gardant seulement dans sa tête la sensation de ce mouvement des balais nettoyant Paris au matin.

Et, dès qu'elle fut dans sa chambre, elle sanglota.

Mots d'amour

Dimanche.

Mon gros coq chéri,

Tu ne m'écris pas, je ne te vois plus, tu ne viens jamais. Tu as donc cessé de m'aimer ? Pourquoi ? Qu'ai-je fait ? Dis-le-moi, je t'en supplie, mon cher amour ! Moi, je t'aime tant, tant, tant ! Je voudrais t'avoir toujours près de moi, et t'embrasser tout le jour, en te donnant, ô mon cœur, mon chat aimé, tous les noms tendres qui me viendraient à la pensée. Je t'adore, je t'adore, je t'adore, ô mon beau coq.

Ta poulette,

SOPHIE.

Lundi.

Ma chère amie,

Tu ne comprendras absolument rien à ce que je vais te dire. N'importe. Si ma lettre tombe, par hasard, sous les yeux d'une autre femme, elle lui sera peut-être profitable.

Si tu avais été sourde et muette, je t'aurais sans doute aimée longtemps, longtemps. Le malheur vient de ce que tu parles ; voilà tout. Un poète a dit :

> Tu n'as jamais été dans tes jours les plus rares
> Qu'un banal instrument sous mon archet vainqueur,
> Et comme un air qui sonne au bois creux des guitares,
> J'ai fait chanter mon rêve au vide de ton cœur.

En amour, vois-tu, on fait toujours chanter des rêves ; mais pour que les rêves chantent, il ne faut pas qu'on les interrompe. Or, quand on parle entre deux baisers, on interrompt toujours le rêve délirant que font les âmes, à moins de dire des mots sublimes ; et les mots sublimes n'éclosent pas dans les petites caboches des jolies filles.

Tu ne comprends rien, n'est-ce pas ? Tant mieux. Je continue. Tu es assurément une des plus charmantes, une des plus adorables femmes que j'aie jamais vues.

Est-il sur la terre des yeux qui contiennent plus de SONGE que les tiens, plus de promesses inconnues, plus d'infini d'amour ? Je ne le crois pas. Et quand ta bouche sourit avec ses deux lèvres rondes qui montrent tes dents luisantes, on dirait qu'il va sortir de cette bouche ravissante une ineffable musique, quelque chose d'invraisemblablement suave, de doux à faire sangloter.

Alors tu m'appelles tranquillement : « Mon gros lapin adoré. » Et il me semble tout à coup que j'entre dans ta tête, que je vois fonctionner ton âme, ta petite âme de petite femme jolie, jolie, mais… et cela me gêne, vois-tu, me gêne beaucoup. J'aimerais mieux ne pas voir.

Tu continues à ne point comprendre, n'est-ce pas ? J'y comptais.

Te rappelles-tu la première fois que tu es venue chez moi ? Tu es entrée brusquement avec une odeur de violette envolée de tes jupes ; nous nous sommes regardés longtemps sans dire un mot, puis embrassés comme des fous… puis…, puis jusqu'au lendemain nous n'avons point parlé.

Mais, quand nous nous sommes quittés, nos mains tremblaient et nos yeux se disaient des choses, des choses… qu'on ne peut exprimer dans aucune langue. Du moins, je l'ai cru. Et tout bas, en me quittant, tu as murmuré : « À bientôt ! » – Voilà tout ce que tu as dit ; et tu ne t'imagineras jamais quel enveloppement de rêve tu me laissais, tout ce que j'entrevoyais, tout ce que je croyais deviner en ta pensée.

Vois-tu, ma pauvre enfant, pour les hommes pas bêtes, un peu raffinés, un peu supérieurs, l'amour est un instrument si compliqué qu'un rien le détraque. Vous autres femmes, vous ne percevez jamais le ridicule de certaines choses, quand vous aimez ; et le grotesque des expressions vous échappe.

Pourquoi une parole juste dans la bouche d'une petite femme brune est-elle souverainement fausse et comique dans celle d'une grosse femme blonde ? Pourquoi le geste câlin de l'une sera-t-il déplacé chez l'autre ? Pourquoi certaines caresses charmantes de la part de celle-ci, seront-elles gênantes de la part de celle-là ? Pourquoi ? parce qu'il faut en tout, mais principalement en amour, une parfaite harmonie, une accordance absolue du geste, de la voix, de la parole, de la manifestation tendre, avec la personne qui agit, parle, manifeste, avec son âge, la grosseur de sa taille, la couleur de ses cheveux et la physionomie de sa beauté.

Une femme de trente-cinq ans, à l'âge des grandes passions violentes, qui conserverait seulement un rien de la mièvrerie caressante de ses amours de vingt ans, qui ne comprendrait pas qu'elle doit s'exprimer autrement, regarder autrement, embrasser autrement, qu'elle doit être une Didon et non plus une Juliette, écœurerait infailliblement neuf amants sur dix, même s'ils ne se rendaient nullement compte des raisons de leur éloignement.

Comprends-tu ? – Non. – Je l'espérais bien.

À partir du jour où tu as ouvert ton robinet à tendresses, ce fut fini pour moi, mon amie.

Quelquefois nous nous embrassions cinq minutes, d'un seul baiser interminable, éperdu, un de ces baisers qui font se fermer les yeux, comme s'il pouvait s'en échapper par le regard, comme pour les conserver plus entiers dans l'âme enténébrée qu'ils ravagent. Puis, quand nous séparions nos lèvres, tu me disais en riant d'un rire clair : « C'est bon, mon gros chien ! » Alors je t'aurais battue.

Car tu m'as donné successivement tous les noms d'animaux et de légumes que tu as trouvés sans doute dans la *Cuisinière bourgeoise*, le *Parfait jardinier* et les *Éléments d'histoire naturelle à l'usage des classes inférieures*. Mais cela n'est rien encore.

La caresse d'amour est brutale, bestiale, et plus, quand on y songe. Musset a dit :

> Je me souviens encor de ces spasmes terribles,
> De ces baisers muets, de ces muscles ardents,
> De cet être absorbé, blême et serrant les dents.
> S'ils ne sont pas divins, ces moments sont horribles

ou grotesques !... Oh ! ma pauvre enfant, quel génie farceur, quel esprit pervers, te pouvait donc souffler tes mots... de la fin ?

Je les ai collectionnés ; mais, par amour pour toi, je ne les montrerai pas.

Et puis tu manquais vraiment d'à-propos, et tu trouvais moyen de lâcher un « *je t'aime* » exalté en certaines occasions si singulières, qu'il me fallait comprimer de furieuses envies de rire. Il est des instants où cette parole-là : « *Je t'aime !* » est si déplacée qu'elle en devient inconvenante, sache-le bien.

Mais tu ne me comprends pas.

Bien des femmes aussi ne me comprendront point et me jugeront stupide. Peu m'importe, d'ailleurs. Les affamés mangent en gloutons, mais les délicats sont dégoûtés, et ils ont souvent, pour peu de chose, d'invincibles répugnances. Il en est de l'amour comme de la cuisine.

Ce que je ne comprends pas, par exemple, c'est que certaines femmes qui connaissent si bien l'irrésistible séduction des bas de soie fins et brodés, et le charme exquis des nuances, et l'ensorcellement des précieuses dentelles cachées dans la profondeur des toilettes intimes, et la troublante saveur du luxe secret, des dessous raffinés, toutes les subtiles délicatesses des élégances féminines, ne comprennent jamais l'irrésistible dégoût que nous inspirent les paroles déplacées ou niaisement tendres.

Un mot brutal, parfois, fait merveille, fouette la chair, fait bondir le cœur. Ceux-là sont permis aux heures de combat. Celui de Cambronne n'est-il pas sublime ? Rien ne choque qui vient à temps. Mais il faut aussi savoir se taire, et éviter en certains moments les phrases à la Paul de Kock.

Et je t'embrasse passionnément, à condition que tu ne diras rien.

RENÉ.

Le lit

PAR UN TORRIDE après-midi du dernier été, le vaste hôtel des Ventes semblait endormi, et les commissaires-priseurs adjugeaient d'une voix mourante. Dans une salle du fond, au premier étage, un lot d'anciennes soieries d'église gisait en un coin.

C'étaient des chapes solennelles et de gracieuses chasubles où des guirlandes brodées s'enroulaient autour des lettres symboliques sur un fond de soie un peu jaunie, devenue crémeuse, de blanche qu'elle fut jadis.

Quelques revendeurs attendaient, deux ou trois hommes à barbes sales et une grosse femme ventrue, une de ces marchandes dites *à la toilette*, conseillères et protectrices d'amours prohibées, qui brocantent sur la chair humaine jeune et vieille autant que sur les jeunes et vieilles nippes.

Soudain, on mit en vente une mignonne chasuble Louis XV, jolie comme une robe de marquise, restée fraîche avec une procession de muguets autour de la croix, de longs iris bleus montant jusqu'aux pieds de l'emblème sacré et, dans les coins, des couronnes de roses. Quand je l'eus achetée, je m'aperçus qu'elle était demeurée vaguement odorante, comme pénétrée d'un reste d'encens, ou plutôt comme habitée encore par ces si légères et si douces senteurs d'autrefois qui semblent des souvenirs de parfums, l'âme des essences évaporées.

Quand je l'eus chez moi, j'en voulus couvrir une petite chaise de la même époque charmante ; et, la maniant pour prendre les mesures, je sentis sous mes doigts se froisser des papiers. Ayant fendu la doublure, quelques lettres tombèrent à mes pieds. Elles étaient jaunies ; et l'encre effacée semblait de la rouille. Une main fine avait tracé sur une face de la feuille pliée à la mode ancienne : « À monsieur, monsieur l'abbé d'Argencé ».

Les trois premières lettres fixaient simplement des rendez-vous. Et voici la quatrième :

« Mon ami, je suis malade, toute souffrante, et je ne quitte pas mon lit. La pluie bat mes vitres, et je reste chaudement, mollement rêveuse, dans la tiédeur des duvets. J'ai un livre, un livre que j'aime et qui me semble fait avec un peu de moi. Vous dirai-je lequel ? Non. Vous me gronderiez. Puis, quand j'ai lu, je songe, et je veux vous dire à quoi.

« On a mis derrière ma tête des oreillers qui me tiennent assise, et je vous écris sur ce mignon pupitre que j'ai reçu de vous.

« Étant depuis trois jours en mon lit, c'est à mon lit que je pense, et même dans le sommeil j'y médite encore.

« Le lit, mon ami, c'est toute notre vie. C'est là qu'on naît, c'est là qu'on aime, c'est là qu'on meurt.

« Si j'avais la plume de M. de Crébillon, j'écrirais l'histoire d'un lit. Et que d'aventures émouvantes, terribles, aussi que d'aventures gracieuses, aussi que d'autres attendrissantes ! Que d'enseignements n'en pourrait-on pas tirer, et de moralités pour tout le monde ?

« Vous connaissez mon lit, mon ami. Vous ne vous figurerez jamais que de choses j'y ai découvertes depuis trois jours, et comme je l'aime davantage. Il me semble habité, hanté, dirai-je, par un tas de gens que je ne soupçonnais point et qui cependant ont laissé quelque chose d'eux en cette couche.

« Oh ! comme je ne comprends pas ceux qui achètent des lits nouveaux, des lits sans mémoires. Le mien, le nôtre, si vieux, si usé et si spacieux, a dû contenir bien des existences, de la naissance au tombeau. Songez-y, mon ami ; songez à tout ; revoyez des vies entières entre ces quatre colonnes, sous ce tapis à personnages tendu sur nos têtes, qui a regardé tant de choses. Qu'a-t-il vu depuis trois siècles qu'il est là ?

« Voici une jeune femme étendue. De temps en temps elle pousse un soupir, puis elle gémit ; et les vieux parents l'entourent ; et voilà que d'elle sort un petit être miaulant comme un chat, et crispé, tout ridé. C'est un homme qui commence. Elle, la jeune mère, se sent douloureusement joyeuse ; elle étouffe de bonheur à ce premier cri, et tend les bras et suffoque et, autour, on pleure avec délices ; car ce petit morceau de créature vivante séparé d'elle, c'est la famille continuée, la prolongation du sang, du cœur et de l'âme des vieux qui regardent, tout tremblants.

« Puis voici que pour la première fois deux amants se trouvent chair à chair dans ce tabernacle de la vie. Ils tremblent, mais transportés d'allégresse, ils se sentent délicieusement l'un près de l'autre ; et, peu à peu, leurs bouches s'approchent. Ce baiser divin les confond, ce baiser, porte du ciel terrestre, ce baiser qui chante les délices humaines, qui les promet toutes, les annonce et les devance. Et leur lit s'émeut comme une mer soulevée, ploie et murmure, semble lui-même animé, joyeux, car sur lui le délirant mystère d'amour s'accomplit. Quoi de plus suave, de plus parfait en ce monde que ces étreintes faisant de deux êtres un seul, et donnant à chacun, dans le même moment, la même pensée, la même attente et la même joie éperdue qui descend en eux comme un feu dévorant et céleste ?

« Vous rappelez-vous ces vers que vous m'avez lus, l'autre année, dans quelque poète antique, je ne sais lequel, peut-être le doux Ronsard ?

Et quand au lit nous serons
Entrelacés, nous ferons
Les lascifs, selon les guises
Des amants qui librement
Pratiquent folâtrement
Sous les draps cent mignardises.

« Ces vers-là, je les voudrais avoir brodés en ce plafond de mon lit, d'où Pyrame et Thisbé me regardent sans fin avec leurs yeux de tapisserie.

« Et songez à la mort, mon ami, à tous ceux qui ont exhalé vers Dieu leur dernier souffle en ce lit. Car il est aussi le tombeau des espérances finies, la porte qui ferme tout après avoir été celle qui ouvre le monde. Que de cris, que d'angoisses, de souffrances, de désespoirs épouvantables, de gémissements d'agonie, de bras tendus vers les choses passées, d'appels aux bonheurs terminés à jamais ; que de convulsions, de râles, de grimaces, de bouches tordues, d'yeux retournés, dans ce lit, où je vous écris, depuis trois siècles qu'il prête aux hommes son abri !

« Le lit, songez-y, c'est le symbole de la vie ; je me suis aperçue de cela depuis trois jours. Rien n'est excellent hors du lit.

« Le sommeil n'est-il pas encore un de nos instants les meilleurs ?

« Mais c'est aussi là qu'on souffre ! Il est le refuge des malades, un lieu de douleur aux corps épuisés.

« Le lit, c'est l'homme. Notre Seigneur Jésus, pour prouver qu'il n'avait rien d'humain, ne semble pas avoir jamais eu besoin d'un lit. Il est né sur la paille et mort sur la croix, laissant aux créatures comme nous leur couche de mollesse et de repos.

« Que d'autres choses me sont encore venues ! mais je n'ai le temps de vous les marquer, et puis me les rappellerais-je toutes ? et puis je suis déjà tant fatiguée que je vais retirer mes oreillers, m'étendre tout au long et dormir quelque peu.

« Venez me voir demain à trois heures, peut-être serai-je mieux et vous le pourrai-je montrer.

« Adieu, mon ami ; voici mes mains pour que vous les baisiez ; et je vous tends aussi mes lèvres. »

La rouille

IL N'AVAIT EU, toute sa vie, qu'une inapaisable passion : la chasse. Il chassait tous les jours, du matin au soir, avec un emportement furieux. Il chassait hiver comme été, au printemps comme à l'automne, au marais, quand les règlements interdisaient la plaine et les bois ; il chassait au tiré, à courre, au chien d'arrêt, au chien courant, à l'affût, au miroir, au furet. Il ne parlait que de chasse, rêvait chasse, répétait sans cesse : « Doit-on être malheureux quand on n'aime pas la chasse ! »

Il avait maintenant cinquante ans sonnés, se portait bien, restait vert, bien que chauve, un peu gros mais vigoureux ; et il portait tout le dessous de la moustache rasé pour bien découvrir les lèvres et garder libre le tour de la bouche, afin de pouvoir sonner du cor plus facilement.

On ne le désignait dans la contrée que par son petit nom : M. Hector. Il s'appelait le baron Hector Gontran de Coutelier.

Il habitait, au milieu des bois, un petit manoir, dont il avait hérité ; et bien qu'il connût toute la noblesse du département et rencontrât tous ses représentants mâles dans les rendez-vous de chasse, il ne fréquentait assidûment qu'une famille : les Courville, des voisins aimables, alliés à sa race depuis des siècles.

Dans cette maison il était choyé, aimé, dorloté ; et il disait : « Si je n'étais pas chasseur, je voudrais ne point vous quitter. » M. de Courville était son ami et son camarade depuis l'enfance. Gentilhomme agriculteur, il vivait tranquille avec sa femme, sa fille et son gendre, M. de Darnetot, qui ne faisait rien, sous prétexte d'études historiques.

Le baron de Coutelier allait souvent dîner chez ses amis, surtout pour leur raconter ses coups de fusil. Il avait de longues histoires de chiens et de furets dont il parlait comme de personnages marquants qu'il aurait beaucoup connus. Il dévoilait leurs pensées, leurs intentions, les analysait, les expliquait : « Quand Médor a vu que le râle le faisait courir ainsi, il s'est dit : "Attends, mon gaillard, nous allons rire." Alors, en me faisant signe de la tête d'aller me placer au coin du champ de trèfle, il s'est mis à quêter de biais, à grand bruit, en remuant les herbes pour pousser le gibier dans l'angle où il ne pourrait plus échapper. Tout est arrivé comme il l'avait prévu ; le râle, tout d'un coup, s'est trouvé sur la lisière. Impossible d'aller plus loin sans se découvrir. Il s'est dit : "Pincé, nom d'un chien !" et s'est tapi. Médor alors tomba en arrêt en me regardant ; je lui fais un signe, il force. – Brrrou – le râle s'envole – j'épaule – pan ! – il tombe ; et Médor, en le rapportant, remuait la queue pour me dire : "Est-il joué, ce tour-là, monsieur Hector ?" »

Courville, Darnetot et les deux femmes riaient follement de ces récits pittoresques où le baron mettait toute son âme. Il s'animait, remuait les bras, gesticulait de tout le corps ; et quand il disait la mort du gibier, il riait d'un rire formidable, et demandait toujours comme conclusion : « Est-elle bonne, celle-là ? »

Dès qu'on parlait d'autre chose, il n'écoutait plus et s'asseyait tout seul à fredonner des fanfares. Aussi, dès qu'un instant de silence se faisait entre deux phrases, dans ces moments de brusques accalmies qui coupent la rumeur des paroles, on entendait tout à coup un air de chasse : « Ton ton, ton taine ton ton », que le baron poussait en gonflant les joues comme s'il eût tenu son cor.

Il n'avait jamais vécu que pour la chasse et vieillissait sans s'en douter ni s'en apercevoir. Brusquement, il eut une attaque de rhumatisme et demeura deux mois au lit. Il faillit mourir de chagrin et d'ennui. Comme il n'avait pas de bonne, faisant préparer sa cuisine par un vieux serviteur, il n'obtenait ni cataplasmes chauds, ni petits soins, ni rien de ce qu'il faut aux souffrants. Son piqueur fut son garde-malade, et cet écuyer qui s'ennuyait au moins autant que son maître, dormait jour et nuit dans un fauteuil, pendant que le baron jurait et s'exaspérait entre ses draps.

Les dames de Courville venaient parfois le voir ; et c'étaient pour lui des heures de calme et de bien-être. Elles préparaient sa tisane, avaient soin du feu, lui servaient gentiment son déjeuner, sur le bord du lit ; et quand elles partaient il murmurait : « Sacrebleu ! vous devriez bien venir loger ici. » Et elles riaient de tout leur cœur.

Comme il allait mieux et recommençait à chasser au marais, il vint un soir dîner chez ses amis ; mais il n'avait plus son entrain ni sa gaieté. Une pensée incessante le torturait, la crainte d'être ressaisi par les douleurs avant l'ouverture. Au moment de prendre congé, alors que les femmes l'enveloppaient en un châle, lui nouaient un foulard au cou, et qu'il se laissait faire pour la première fois de sa vie, il murmura d'un ton désolé : « Si ça recommence, je suis un homme foutu. »

Lorsqu'il fut parti, Mme de Darnetot dit à sa mère : « Il faudrait marier le baron. »

Tout le monde leva les bras. Comment n'y avait-on pas encore songé ? On chercha toute la soirée parmi les veuves qu'on connaissait, et le choix s'arrêta sur une femme de quarante ans, encore jolie, assez riche, de belle humeur et bien portante, qui s'appelait Mme Berthe Vilers.

On l'invita à passer un mois au château. Elle s'ennuyait. Elle vint. Elle était remuante et gaie ; M. de Coutelier lui plut tout de suite. Elle s'en amusait comme d'un jouet vivant, et passait des heures entières à l'interroger sournoisement sur les sentiments des lapins et les machinations des renards. Il distinguait gravement les manières de voir différentes des divers animaux, et leur prêtait des plans et des raisonnements subtils comme aux hommes de sa connaissance.

L'attention qu'elle lui donnait le ravit ; et, un soir, pour lui témoigner son estime, il la pria de chasser, ce qu'il n'avait encore jamais fait pour aucune femme. L'invitation parut si drôle qu'elle accepta. Ce fut une fête pour l'équiper ; tout le monde s'y mit, lui offrit quelque chose ; et elle apparut vêtue en manière d'amazone, avec des bottes, des culottes d'homme, une jupe courte, une jaquette de velours trop étroite pour la gorge, et une casquette de valet de chiens.

Le baron semblait ému comme s'il allait tirer son premier coup de fusil. Il lui expliqua minutieusement la direction du vent, les différents arrêts des chiens, la façon de tirer les gibiers ; puis il la poussa dans un champ, en la suivant pas à pas avec la sollicitude d'une nourrice qui regarde son nourrisson marcher pour la première fois.

Médor rencontra, rampa, s'arrêta, leva la patte. Le baron, derrière son élève, tremblait comme une feuille. Il balbutiait : « Attention, attention, des per… des per… des perdrix. »

Il n'avait pas fini qu'un grand bruit s'envola de terre, – brrr, brrr, brrr – et un régiment de gros oiseaux monta dans l'air en battant des ailes.

Mme Vilers, éperdue, ferma les yeux, lâcha les deux coups, recula d'un pas sous la secousse du fusil ; puis, quand elle reprit son sang-froid, elle aperçut le baron qui dansait comme un fou, et Médor rapportant deux perdrix dans sa gueule.

À dater de ce jour, M. de Coutelier fut amoureux d'elle.

Il disait en levant les yeux : « Quelle femme ! » et il venait tous les soirs maintenant pour causer chasse. Un jour, M. de Courville, qui le reconduisait et l'écoutait s'extasier sur sa nouvelle amie, lui demanda brusquement : « Pourquoi ne l'épousez-vous pas ? » Le baron resta saisi : « Moi ? moi ? l'épouser ?... mais... au fait... » Et il se tut. Puis serrant précipitamment la main de son compagnon, il murmura : « Au revoir, mon ami », et disparut à grands pas dans la nuit.

Il fut trois jours sans revenir. Quand il reparut, il était pâli par ses réflexions, et plus grave que de coutume. Ayant pris à part M. de Courville : « Vous avez eu là une fameuse idée. Tâchez de la préparer à m'accepter. Sacrebleu, une femme comme ça, on la dirait faite pour moi. Nous chasserons ensemble toute l'année. »

M. de Courville, certain qu'il ne serait pas refusé, répondit : « Faites votre demande tout de suite, mon cher. Voulez-vous que je m'en charge ? » Mais le baron se troubla soudain ; et balbutiant : « Non... non..., il faut d'abord que je fasse un petit voyage... un petit voyage... à Paris. Dès que je serai revenu, je vous répondrai définitivement. » On n'en put obtenir d'autres éclaircissements et il partit le lendemain.

Le voyage dura longtemps. Une semaine, deux semaines, trois semaines se passèrent, M. de Coutelier ne reparaissait pas. Les Courville, étonnés, inquiets, ne savaient que dire à leur amie qu'ils avaient prévenue de la démarche du baron. On envoyait tous les deux jours prendre chez lui de ses nouvelles ; aucun de ses serviteurs n'en avait reçu.

Or, un soir, comme Mme Vilers chantait en s'accompagnant au piano, une bonne vint, avec un grand mystère, chercher M. de Courville, en lui disant tout bas qu'un monsieur le demandait. C'était le baron, changé, vieilli, en costume de voyage. Dès qu'il vit son vieil ami, il lui saisit les mains, et, d'une voix un peu fatiguée : « J'arrive à l'instant, mon cher, et j'accours chez vous, je n'en puis plus. » Puis il hésita, visiblement embarrassé : « Je voulais vous dire… tout de suite… que cette… cette affaire… vous savez bien… est manquée. »

M. de Courville le regardait stupéfait : « Comment ? manquée ? Et pourquoi ? » – « Oh ! ne m'interrogez pas, je vous prie, ce serait trop pénible à dire, mais soyez sûr que j'agis en… en honnête homme. Je ne peux pas… Je n'ai pas le droit, vous entendez, pas le droit, d'épouser cette dame. J'attendrai qu'elle soit partie pour revenir chez vous ; il me serait trop douloureux de la revoir. Adieu. »

Et il s'enfuit.

Toute la famille délibéra, discuta, supposa mille choses. On conclut qu'un grand mystère était caché dans la vie du baron, qu'il avait peut-être des enfants naturels, une vieille liaison. Enfin l'affaire paraissait grave ; et pour ne point entrer en des complications difficiles, on prévint habilement Mme Vilers, qui s'en retourna veuve comme elle était venue.

Trois mois encore se passèrent. Un soir, comme il avait fortement dîné et qu'il titubait un peu, M. de Coutelier, en fumant sa pipe le soir avec M. de Courville, lui dit : « Si vous saviez comme je pense souvent à votre amie, vous auriez pitié de moi. »

L'autre, que la conduite du baron en cette circonstance avait un peu froissé, lui dit sa pensée vivement : « Sacrebleu, mon cher, quand on a des secrets dans son existence, on ne s'avance pas d'abord comme vous l'avez fait ; car, enfin, vous pouviez prévoir le motif de votre reculade, assurément. »

Le baron confus cessa de fumer.

« Oui et non. Enfin, je n'aurais pas cru ce qui est arrivé. »

M. de Courville, impatienté, reprit : « On doit tout prévoir. »

Mais M. de Coutelier, en sondant de l'œil les ténèbres pour être sûr qu'on ne les écoutait pas, reprit à voix basse :

« Je vois bien que je vous ai blessé et je vais tout vous dire pour me faire excuser. Depuis vingt ans, mon ami, je ne vis que pour la chasse. Je n'aime que ça, vous le savez, je ne m'occupe que de ça. Aussi, au moment de contracter des devoirs envers cette dame, un scrupule, un scrupule de conscience m'est venu. Depuis le temps que j'ai perdu l'habitude de... de... de l'amour, enfin, je ne savais plus si je serais encore capable de... de... vous savez bien... Songez donc ? voici maintenant seize ans exactement que... que... que... pour la dernière fois, vous comprenez. Dans ce pays-ci, ce n'est pas facile de... de... vous y êtes. Et puis j'avais autre chose à faire, j'aime mieux tirer un coup de fusil. Bref, au moment de m'engager devant le maire et le prêtre à... à... ce que vous savez, j'ai eu peur. Je me suis dit : Bigre, mais si... si... j'allais rater. Un honnête homme ne manque jamais à ses engagements ; et je prenais là un engagement sacré vis-à-vis de cette personne. Enfin, pour en avoir le cœur net, je me suis promis d'aller passer huit jours à Paris.

Au bout de huit jours, rien, mais rien. Et ce n'est pas faute d'avoir essayé. J'ai pris ce qu'il y avait de mieux dans tous les genres. Je vous assure qu'elles ont fait ce qu'elles ont pu... Oui... certainement elles n'ont rien négligé... Mais que voulez-vous, elles se retiraient toujours... bredouilles... bredouilles... bredouilles.

J'ai attendu alors quinze jours, trois semaines, espérant toujours. J'ai mangé dans les restaurants un tas de choses poivrées, qui m'ont perdu l'estomac, et... et... rien... toujours rien.

Vous comprenez que, dans ces circonstances, devant cette constatation, je ne pouvais que... que... que me retirer. Ce que j'ai fait. »

M. de Courville se tordait pour ne pas rire. Il serra gravement les mains du baron en lui disant : « Je vous plains », et le reconduisit jusqu'à mi-chemin de sa demeure. Puis, lorsqu'il se trouva seul avec sa femme, il lui dit tout, en suffoquant de gaieté. Mais Mme de Courville ne riait point ; elle écoutait, très attentive, et lorsque son mari eut achevé, elle répondit avec un grand sérieux : « Le baron est un niais, mon cher ; il avait peur, voilà tout. Je vais écrire à Berthe de revenir, et bien vite. »

Et comme M. de Courville objectait le long et inutile essai de leur ami, elle reprit : « Bah ! quand on aime sa femme, entendez-vous, cette chose-là... revient toujours. »

Et M. de Courville ne répliqua rien, un peu confus lui-même.

Clair de lune

IL PORTAIT BIEN son nom de bataille, l'abbé Marignan. C'était un grand prêtre maigre, fanatique, d'âme toujours exaltée, mais droite. Toutes ses croyances étaient fixes, sans jamais d'oscillations. Il s'imaginait sincèrement connaître son Dieu, pénétrer ses desseins, ses volontés, ses intentions.

Quand il se promenait à grands pas dans l'allée de son petit presbytère de campagne, quelquefois une interrogation se dressait dans son esprit : « Pourquoi Dieu a-t-il fait cela ? » Et il cherchait obstinément, prenant en sa pensée la place de Dieu ; et il trouvait presque toujours. Ce n'est pas lui qui eût murmuré dans un élan de pieuse humilité : « Seigneur, vos desseins sont impénétrables ! » Il se disait : « Je suis le serviteur de Dieu, je dois connaître ses raisons d'agir, et les deviner si je ne les connais pas. »

Tout lui paraissait créé dans la nature avec une logique absolue et admirable. Les « Pourquoi » et les « Parce que » se balançaient toujours. Les aurores étaient faites pour rendre joyeux les réveils, les jours pour mûrir les moissons, les pluies pour les arroser, les soirs pour préparer au sommeil et les nuits sombres pour dormir.

Les quatre saisons correspondaient parfaitement à tous les besoins de l'agriculture ; et jamais le soupçon n'aurait pu venir au prêtre que la nature n'a point d'intentions et que tout ce qui vit s'est plié, au contraire, aux dures nécessités des époques, des climats et de la matière.

Mais il haïssait la femme, il la haïssait inconsciemment, et la méprisait par instinct. Il répétait souvent la parole du Christ : « Femme, qu'y a-t-il de commun entre vous et moi ? » et il ajoutait : « On disait que Dieu lui-même se sentait mécontent de cette œuvre-là. » La femme était bien pour lui l'enfant douze fois impure dont parle le poète. Elle était le tentateur qui avait entraîné le premier homme et qui continuait toujours son œuvre de damnation, l'être faible, dangereux, mystérieusement troublant. Et plus encore que leur corps de perdition, il haïssait leur âme aimante.

Souvent il avait senti leur tendresse attachée à lui et, bien qu'il se sût inattaquable, il s'exaspérait de ce besoin d'aimer qui frémissait toujours en elles.

Dieu, à son avis, n'avait créé la femme que pour tenter l'homme et l'éprouver. Il ne fallait approcher d'elle qu'avec des précautions défensives, et les craintes qu'on a des pièges. Elle était, en effet, toute pareille à un piège avec ses bras tendus et ses lèvres ouvertes vers l'homme.

Il n'avait d'indulgence que pour les religieuses que leur vœu rendait inoffensives ; mais il les traitait durement quand même, parce qu'il la sentait toujours vivante au fond de leur cœur enchaîné, de leur cœur humilié, cette éternelle tendresse qui venait encore à lui, bien qu'il fût un prêtre.

Il la sentait dans leurs regards plus mouillés de piété que les regards des moines, dans leurs extases où leur sexe se mêlait, dans leurs élans d'amour vers le Christ, qui l'indignaient parce que c'était de l'amour de femme, de l'amour charnel ; il la sentait, cette tendresse maudite, dans leur docilité même, dans la douceur de leur voix en lui parlant, dans leurs yeux baissés, et dans leurs larmes résignées quand il les reprenait avec rudesse.

Et il secouait sa soutane en sortant des portes du couvent ; et il s'en allait en allongeant les jambes comme s'il avait fui devant un danger.

Il avait une nièce qui vivait avec sa mère dans une petite maison voisine. Il s'acharnait à en faire une sœur de charité.

Elle était jolie, écervelée et moqueuse. Quand l'abbé sermonnait, elle riait ; et quand il se fâchait contre elle, elle l'embrassait avec véhémence, le serrant contre son cœur, tandis qu'il cherchait involontairement à se dégager de cette étreinte qui lui faisait goûter cependant une joie douce, éveillant au fond de lui cette sensation de paternité qui sommeille en tout homme.

Souvent il lui parlait de Dieu, de son Dieu, en marchant à côté d'elle par les chemins des champs. Elle ne l'écoutait guère et regardait le ciel, les herbes, les fleurs, avec un bonheur de vivre qui se voyait dans ses yeux. Quelquefois, elle s'élançait pour attraper une bête volante, et s'écriait en la rapportant : « Regarde, mon oncle, comme elle est jolie ; j'ai envie de l'embrasser. » Et ce besoin « d'embrasser des mouches » ou des grains de lilas inquiétait, irritait, soulevait le prêtre, qui retrouvait encore là cette indéracinable tendresse qui germe toujours au cœur des femmes.

Puis, voilà qu'un jour l'épouse du sacristain, qui faisait le ménage de l'abbé Marignan, lui apprit avec précaution que sa nièce avait un amoureux.

Il en ressentit une émotion effroyable, et il demeura suffoqué, avec du savon plein la figure, car il était en train de se raser.

Quand il se retrouva en état de réfléchir et de parler, il s'écria : « Ce n'est pas vrai, vous mentez, Mélanie ! »

Mais la paysanne posa la main sur son cœur : « Que notre Seigneur me juge si je mens, monsieur le curé. J'vous dis qu'elle y va tous les soirs sitôt qu'votre sœur est couchée. Ils se r'trouvent le long de la rivière. Vous n'avez qu'à y aller voir entre dix heures et minuit. »

Il cessa de se gratter le menton, et il se mit à marcher violemment, comme il faisait toujours en ses heures de grave méditation. Quand il voulut recommencer à se barbifier, il se coupa trois fois depuis le nez jusqu'à l'oreille.

Tout le jour, il demeura muet, gonflé d'indignation et de colère. À sa fureur de prêtre, devant l'invincible amour, s'ajoutait une exaspération de père moral, de tuteur, de chargé d'âme, trompé, volé, joué par une enfant ; cette suffocation égoïste des parents à qui leur fille annonce qu'elle a fait, sans eux et malgré eux, choix d'un époux.

Après son dîner, il essaya de lire un peu, mais il ne put y parvenir ; et il s'exaspérait de plus en plus. Quand dix heures sonnèrent, il prit sa canne, un formidable bâton de chêne dont il se servait toujours en ses courses nocturnes, quand il allait voir quelque malade. Et il regarda en souriant l'énorme gourdin qu'il faisait tourner dans sa poigne solide de campagnard, en des moulinets menaçants. Puis, soudain, il le leva et, grinçant des dents, l'abattit sur une chaise dont le dossier fendu tomba sur le plancher.

Et il ouvrit sa porte pour sortir ; mais il s'arrêta sur le seuil, surpris par une splendeur de clair de lune, telle qu'on n'en voyait presque jamais.

Et comme il était doué d'un esprit exalté, un de ces esprits que devaient avoir les Pères de l'Église, ces poètes rêveurs, il se sentit soudain distrait, ému par la grandiose et sereine beauté de la nuit pâle.

Dans son petit jardin, tout baigné de douce lumière, ses arbres fruitiers, rangés en ligne, dessinaient en ombre sur l'allée leurs grêles membres de bois à peine vêtus de verdure ; tandis que le chèvrefeuille géant, grimpé sur le mur de sa maison, exhalait des souffles délicieux et comme sucrés, faisait flotter dans le soir tiède et clair une espèce d'âme parfumée.

Il se mit à respirer longuement, buvant de l'air comme les ivrognes boivent du vin, et il allait à pas lents, ravi, émerveillé, oubliant presque sa nièce.

Dès qu'il fut dans la campagne, il s'arrêta pour contempler toute la plaine inondée de cette lueur caressante, noyée dans ce charme tendre et languissant des nuits sereines. Les crapauds à tout instant jetaient par l'espace leur note courte et métallique ; et des rossignols lointains mêlaient leur musique égrenée qui fait rêver sans faire penser, leur musique légère et vibrante, faite pour les baisers, à la séduction du clair de lune.

L'abbé se remit à marcher, le cœur défaillant, sans qu'il sût pourquoi. Il se sentait comme affaibli, épuisé tout à coup ; il avait une envie de s'asseoir, de rester là, de contempler, d'admirer Dieu dans son œuvre.

Là-bas, suivant les ondulations de la petite rivière, une grande ligne de peupliers serpentait. Une buée fine, une vapeur blanche que les rayons de lune traversaient, argentaient, rendaient luisante, restait suspendue autour et au-dessus des berges, enveloppait tout le cours tortueux de l'eau d'une sorte de ouate légère et transparente.

Le prêtre encore une fois s'arrêta, pénétré jusqu'au fond de l'âme par un attendrissement grandissant, irrésistible.

Et un doute, une inquiétude vague l'envahissait ; il sentait naître en lui une de ces interrogations qu'il se posait parfois.

Pourquoi Dieu avait-il fait cela ? Puisque la nuit est destinée au sommeil, à l'inconscience, au repos, à l'oubli de tout, pourquoi la rendre plus charmante que le jour, plus douce que les aurores et que les soirs ; et pourquoi cet astre lent et séduisant, plus poétique que le soleil, et qui semble destiné, tant il est discret, à éclairer des choses trop délicates et mystérieuses pour la grande lumière, s'en venait-il faire si transparentes les ténèbres ?

Pourquoi le plus habile des oiseaux chanteurs ne se reposait-il pas comme les autres et se mettait-il à vocaliser dans l'ombre troublante ?

Pourquoi ce demi-voile jeté sur le monde ? Pourquoi ces frissons de cœur, cette émotion de l'âme, cet alanguissement de la chair ?

Pourquoi ce déploiement de séductions que les hommes ne voyaient point, puisqu'ils étaient couchés en leurs lits ? À qui étaient destinés ce spectacle sublime, cette abondance de poésie jetée du ciel sur la terre ?

Et l'abbé ne comprenait point.

Mais voilà que là-bas, sur le bord de la prairie, sous la voûte des arbres trempés de brume luisante, deux ombres apparurent qui marchaient côte à côte.

L'homme était plus grand et tenait par le cou son amie, et, de temps en temps, l'embrassait sur le front. Ils animèrent tout à coup ce paysage immobile qui les enveloppait comme un cadre divin fait pour eux. Ils semblaient, tous deux, un seul être, l'être à qui était destinée cette nuit calme et silencieuse ; et ils s'en venaient vers le prêtre comme une réponse vivante, la réponse que son Maître jetait à son interrogation.

Il restait debout, le cœur battant, bouleversé ; et il croyait voir quelque chose de biblique, comme les amours de Ruth et de Booz, l'accomplissement d'une volonté du Seigneur dans un de ces grands décors dont parlent les livres saints. En sa tête se mirent à bourdonner les versets du Cantique des Cantiques, les cris d'ardeur, les appels des corps, toute la chaude poésie de ce poème brûlant de tendresse.

Et il se dit : « Dieu peut-être a fait ces nuits-là pour voiler d'idéal les amours des hommes. »

Et il reculait devant le couple embrassé qui marchait toujours. C'était sa nièce pourtant ; mais il se demandait maintenant s'il n'allait pas désobéir à Dieu. Et Dieu ne permet-il point l'amour, puisqu'il l'entoure visiblement d'une splendeur pareille ?

Et il s'enfuit, éperdu, presque honteux, comme s'il eût pénétré dans un temple où il n'avait pas le droit d'entrer.

Le baiser

Ma chère mignonne,

Donc, tu pleures du matin au soir et du soir au matin, parce que ton mari t'abandonne ; tu ne sais que faire, et tu implores un conseil de ta vieille tante que tu supposes apparemment bien experte. Je n'en sais pas si long que tu crois, et cependant je ne suis point sans doute tout à fait ignorante dans cet art d'aimer ou plutôt de se faire aimer, qui te manque un peu. Je puis bien, à mon âge, avouer cela.

Tu n'as pour lui, me dis-tu, que des attentions, que des douceurs, que des caresses, que des baisers. Le mal vient peut-être de là ; je crois que tu l'embrasses trop.

Ma chérie, nous avons aux mains le plus terrible pouvoir qui soit : l'amour. L'homme, doué de la force physique, l'exerce par la violence. La femme, douée du charme, domine par la caresse. C'est notre arme, arme redoutable, invincible, mais qu'il faut savoir manier.

Nous sommes, sache-le bien, les maîtresses de la terre. Raconter l'histoire de l'Amour depuis les origines du monde, ce serait raconter l'homme lui-même. Tout vient de là, les arts, les grands événements, les mœurs, les coutumes, les guerres, les bouleversements d'empires.

Dans la Bible, tu trouves Dalila, Judith ; dans la Fable, Omphale, Hélène ; dans l'Histoire, les Sabines, Cléopâtre et bien d'autres.

Donc, nous régnons, souveraines toutes-puissantes. Mais il nous faut, comme les rois, user d'une diplomatie délicate.

L'Amour, ma chère petite, est fait de finesses, d'imperceptibles sensations. Nous savons qu'il est fort comme la mort ; mais il est aussi fragile que le verre. Le moindre choc le brise et notre domination s'écroule alors, sans que nous puissions la réédifier.

Nous avons la faculté de nous faire adorer, mais il nous manque une toute petite chose, le discernement des nuances dans la caresse, le flair subtil du TROP dans la manifestation de notre tendresse. Aux heures d'étreintes, nous perdons le sentiment des finesses, tandis que l'homme que nous dominons reste maître de lui, demeure capable de juger le ridicule de certains mots, le manque de justesse de certains gestes. Prends bien garde à cela, mignonne : c'est le défaut de notre cuirasse, c'est notre talon d'Achille.

Sais-tu d'où nous vient notre vraie puissance ? du baiser, du seul baiser ! Quand nous savons tendre et abandonner nos lèvres, nous pouvons devenir des reines.

Le baiser n'est qu'une préface, pourtant. Mais une préface charmante, plus délicieuse que l'œuvre elle-même ; une préface qu'on relit sans cesse, tandis qu'on ne peut pas toujours... relire le livre. Oui, la rencontre des bouches est la plus parfaite, la plus divine sensation qui soit donnée aux humains, la dernière, la suprême limite du bonheur. C'est dans le baiser, dans le seul baiser qu'on croit parfois sentir cette impossible union des âmes que nous poursuivons, cette confusion des cœurs défaillants.

Te rappelles-tu les vers de Sully Prudhomme :

> Les caresses ne sont que d'inquiets transports,
> Infructueux essais du pauvre Amour qui tente
> L'impossible union des âmes par le corps.

Une seule caresse donne cette sensation profonde, immatérielle des deux êtres ne faisant plus qu'un, c'est le baiser. Tout le délire violent de la complète possession ne vaut cette frémissante approche des bouches, ce premier contact humide et frais, puis cette attache immobile, éperdue et longue, si longue ! de l'une à l'autre.

Donc, ma belle, le baiser est notre arme la plus forte, mais il faut craindre de l'émousser. Sa valeur, ne l'oublie pas, est relative, purement conventionnelle. Elle change sans cesse suivant les circonstances, les dispositions du moment, l'état d'attente et d'extase de l'esprit.

Je vais m'appuyer sur un exemple.

Un autre poète, François Coppée, a fait un vers que nous avons toutes dans la mémoire, un vers que nous trouvons adorable, qui nous fait tressaillir jusqu'au cœur.

Après avoir décrit l'attente de l'amoureux dans une chambre fermée, par un soir d'hiver, ses inquiétudes, ses impatiences nerveuses, sa crainte horrible de ne pas LA voir venir, il raconte l'arrivée de la femme aimée qui entre enfin, toute pressée, essoufflée, apportant du froid dans ses jupes ; et il s'écrie :

> Oh ! les premiers baisers à travers la voilette !

N'est-ce point là un vers d'un sentiment exquis, d'une observation délicate et charmante, d'une parfaite vérité ? Toutes celles qui ont couru au rendez-vous clandestin, que la passion a jetées dans les bras d'un homme, les connaissent bien ces délicieux premiers baisers à travers la voilette, et frémissent encore à leur souvenir. Et pourtant ils ne tirent leur charme que des circonstances du retard, de l'attente anxieuse ; mais, en vérité, au point de vue purement, ou, si tu préfères, impurement sensuel, ils sont détestables.

Réfléchis. Il fait froid dehors. La jeune femme a marché vite ; la voilette est toute mouillée par son souffle refroidi. Des gouttelettes d'eau brillent dans les mailles de la dentelle noire. L'amant se précipite et colle ses lèvres ardentes à cette vapeur de poumons liquéfiée.

Le voile humide, qui déteint et porte la saveur ignoble des colorations chimiques, pénètre dans la bouche du jeune homme, mouille sa moustache. Il ne goûte nullement aux lèvres de la bien-aimée, il ne goûte qu'à la teinture de cette dentelle trempée d'haleine froide.

Et pourtant, nous nous écrions toutes, comme le poète :

> Oh ! les premiers baisers à travers la voilette !

Donc, la valeur de cette caresse étant toute conventionnelle, il faut craindre de la déprécier.

Eh bien, ma chérie, je t'ai vue en plusieurs occasions très maladroite. Tu n'es pas la seule, d'ailleurs ; la plupart des femmes perdent leur autorité par l'abus seul des baisers, des baisers intempestifs. Quand elles sentent leur mari ou leur amant un peu las, à ces heures d'affaissement où le cœur a besoin de repos comme le corps ; au lieu de comprendre ce qui se passe en lui, elles s'acharnent en des caresses inopportunes, le lassent par l'obstination des lèvres tendues, le fatiguent en l'étreignant sans rime ni raison.

Crois-en mon expérience. D'abord, n'embrasse jamais ton mari en public, en wagon, au restaurant. C'est du plus mauvais goût ; refoule ton envie. Il se sentirait ridicule et t'en voudrait toujours.

Méfie-toi surtout des baisers inutiles prodigués dans l'intimité. Tu en fais, j'en suis certaine, une effroyable consommation.

Ainsi je t'ai vue un jour tout à fait choquante. Tu ne te le rappelles pas sans doute.

Nous étions tous trois dans ton petit salon, et, comme vous ne vous gêniez guère devant moi, ton mari te tenait sur ses genoux et t'embrassait longuement la nuque, la bouche perdue dans les cheveux frisés du cou. Soudain tu as crié :

« Ah ! le feu... » Vous n'y songiez guère ; il s'éteignait. Quelques tisons assombris expirants rougissaient à peine le foyer.

Alors il s'est levé, s'élançant vers le coffre à bois où il saisit deux bûches énormes qu'il rapportait à grand-peine, quand tu es venue vers lui les lèvres mendiantes, murmurant : « Embrasse-moi. » Il tourna la tête avec effort en soutenant péniblement les souches. Alors tu posas doucement, lentement, ta bouche sur celle du malheureux qui demeura le col de travers, les reins tordus, les bras rompus, tremblant de fatigue et d'effort désespéré. Et tu éternisas ce baiser de supplice sans voir et sans comprendre. Puis, quand tu le laissas libre, tu te mis à murmurer d'un air fâché : « Comme tu m'embrasses mal ! » – Parbleu, ma chère !

Oh ! prends garde à cela. Nous avons toutes cette sotte manie, ce besoin inconscient et bête de nous précipiter aux moments les plus mal choisis : quand il porte un verre plein d'eau, quand il remet ses bottes, quand il renoue sa cravate, quand il se trouve enfin dans quelque posture pénible, et de l'immobiliser par une gênante caresse qui le fait rester une minute avec un geste commencé et le seul désir d'être débarrassé de nous.

Surtout, ne juge pas insignifiante et mesquine cette critique. L'amour est délicat, ma petite : un rien le froisse ; tout dépend, sache-le, du tact de nos câlineries. Un baiser maladroit peut faire bien du mal.

Expérimente mes conseils.

Ta vieille tante.
COLETTE.

Pour copie :
MAUFRIGNEUSE.

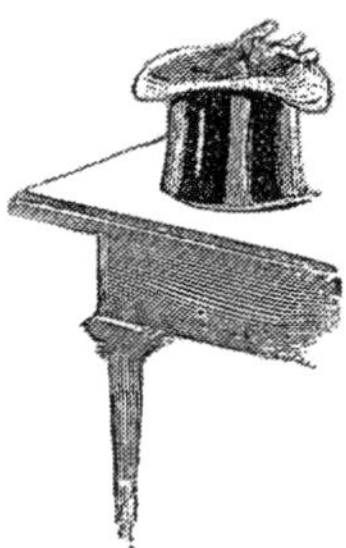

La toux

À Armand Sylvestre.

Mon cher confrère et ami,

J'ai un petit conte pour vous, un petit conte anodin. J'espère qu'il vous plaira si j'arrive à le bien dire, aussi bien que celle de qui je le tiens.

La tâche n'est point facile, car mon amie est une femme d'esprit infini et de parole libre. Je n'ai pas les mêmes ressources. Je ne peux, comme elle, donner cette gaieté folle aux choses que je conte ; et, réduit à la nécessité de ne pas employer des mots trop caractéristiques, je me déclare impuissant à trouver, comme vous, les délicats synonymes.

Mon amie, qui est en outre une femme de théâtre de grand talent, ne m'a point autorisé à rendre publique son histoire.

Je m'empresse donc de réserver ses droits d'auteur pour le cas où elle voudrait, un jour ou l'autre, écrire elle-même cette aventure. Elle le ferait mieux que moi, je n'en doute pas. Étant plus experte sur le sujet, elle retrouverait en outre mille détails amusants que je ne peux inventer.

Mais voyez dans quel embarras je tombe. Il me faudrait, dès le premier mot, trouver un terme équivalent, et je le voudrais génial. La *Toux* n'est pas mon affaire. Pour être compris, j'ai besoin au moins d'un commentaire ou d'une périphrase à la façon de l'abbé Delille :

La toux dont il s'agit ne vient point de la gorge.

Elle dormait (mon amie) aux côtés d'un homme aimé. C'était pendant la nuit, bien entendu.

Cet homme, elle le connaissait peu, ou plutôt depuis peu. Ces choses arrivent quelquefois dans le monde du théâtre principalement. Laissons les bourgeoises s'en étonner. Quant à dormir aux côtés d'un homme, qu'importe qu'on le connaisse peu ou beaucoup, cela ne modifie guère la manière d'agir dans le secret du lit. Si j'étais femme je préférerais, je crois, les nouveaux amis. Ils doivent être plus aimables, sous tous les rapports, que les habitués.

On a, dans ce qu'on appelle le monde comme il faut, une manière de voir différente et qui n'est point la mienne. Je le regrette pour les femmes de ce monde ; mais je me demande si la manière de voir modifie sensiblement la manière d'agir ?...

Donc elle dormait aux côtés d'un nouvel ami. C'est là une chose délicate et difficile à l'excès. Avec un vieux compagnon on prend ses aises, on ne se gêne pas, on peut se retourner à sa guise, lancer des coups de pied, envahir les trois quarts du matelas, tirer toute la couverture et se rouler dedans, ronfler, grogner, tousser (je dis tousser faute de mieux) ou éternuer (que pensez-vous d'éternuer comme synonyme ?).

Mais pour en arriver là, il faut au moins six mois d'intimité. Et je parle des gens qui sont d'un naturel familier. Les autres gardent toujours certaines réserves, que j'approuve pour ma part. Mais nous n'avons peut-être pas la même manière de sentir sur cette matière.

Quand il s'agit d'une nouvelle connaissance qu'on peut supposer sentimentale, il faut assurément prendre quelques précautions pour ne point incommoder son voisin de lit, et pour garder un certain prestige, de poésie et une certaine autorité.

Elle dormait. Mais soudain une douleur, intérieure, lancinante, voyageuse, la parcourut. Cela commença dans le creux de l'estomac et se mit à rouler en descendant vers… vers… vers les gorges inférieures avec un bruit discret de tonnerre intestinal.

L'homme, l'ami nouveau, gisait, tranquille, sur le dos, les yeux fermés. Elle le regarda de coin, inquiète, hésitante.

Vous êtes-vous trouvé, confrère, dans une salle de première, avec un rhume dans la poitrine ? Toute la salle anxieuse halète au milieu d'un silence complet ; mais vous n'écoutez plus rien, vous attendez éperdu, un moment de rumeur pour tousser. Ce sont tout le long de votre gosier des chatouillements, des picotements épouvantables. Enfin vous n'y tenez plus. Tant pis pour les voisins. Vous toussez. – Toute la salle crie : « À la porte. »

Elle se trouvait dans le même cas, travaillée, torturée par une envie folle de tousser. (Quand je dis tousser, j'entends bien que vous transposez.)

Il semblait dormir ; il respirait avec calme. Certes il dormait.

Elle se dit : « Je prendrai mes précautions. Je tâcherai de souffler seulement, tout doucement, pour ne le point réveiller. » Et elle fit comme ceux qui cachent leur bouche sous leur main et s'efforcent de dégager, sans bruit, leur gorge en expectorant de l'air avec adresse.

Soit qu'elle s'y prît mal, soit que la démangeaison fût trop forte, elle toussa.

Aussitôt elle perdit la tête. S'il avait entendu, quelle honte ! Et quel danger ! Oh ! s'il ne dormait point, par hasard ? Comment le savoir ? Elle le regarda fixement, et, à la lueur de la veilleuse, elle crut voir sourire son visage aux yeux fermés. Mais s'il riait,... il ne dormait donc pas,... et, s'il ne dormait pas... ?

Elle tenta avec sa bouche, la vraie, de produire un bruit semblable, pour... dérouter son compagnon.

Cela ne ressemblait guère.

Mais dormait-il ?

Elle se retourna, s'agita, le poussa, pour savoir avec certitude.

Il ne remua point.

Alors elle se mit à chantonner.

Le monsieur ne bougeait pas.

Perdant la tête, elle l'appela « Ernest ».

Il ne fit pas un mouvement, mais il répondit aussitôt : « Qu'est-ce que tu veux ? »

Elle eut une palpitation de cœur. Il ne dormait pas ; il n'avait jamais dormi !...

Elle demanda :

« Tu ne dors donc pas ? »

Il murmura avec résignation :

« Tu le vois bien. »

Elle ne savait plus que dire, affolée. Elle reprit enfin.

« Tu n'as rien entendu ? »

Il répondit, toujours immobile :

« Non. »

Elle se sentait venir une envie folle de le gifler, et, s'asseyant dans le lit :

« Cependant il m'a semblé ?...

– Quoi ?

– Qu'on marchait dans la maison. »

Il sourit. Certes, cette fois elle l'avait vu sourire, et il dit :

« Fiche-moi donc la paix, voilà une demi-heure que tu m'embêtes. »

Elle tressaillit.

« Moi ?... C'est un peu fort. Je viens de me réveiller. Alors tu n'as rien entendu ?

– Si.

– Ah ! enfin, tu as entendu quelque chose ! Quoi ?

– On a… toussé ! »

Elle fit un bond et s'écria, exaspérée.

« On a toussé ! Où ça ? Qui est-ce qui a toussé ? Mais, tu es fou ? Réponds donc ? »

Il commençait à s'impatienter.

« Voyons, est-ce fini cette scie-là ? Tu sais bien que c'est toi. »

Cette fois, elle s'indigna, hurlant : « Moi ? – Moi ? – Moi ? – J'ai toussé ? Moi ? J'ai toussé ! Ah ! vous m'insultez, vous m'outragez, vous me méprisez. Eh bien, adieu ! Je ne reste pas auprès d'un homme qui me traite ainsi. »

Et elle fit un mouvement énergique pour sortir du lit.

Il reprit d'une voix fatiguée, voulant la paix à tout prix :

« Voyons, reste tranquille. C'est moi qui ai toussé. »

Mais elle eut un sursaut de colère nouvelle.

« Comment ? vous avez… toussé dans mon lit !… à mes côtés… pendant que je dormais ? Et vous l'avouez. Mais vous êtes ignoble. Et vous croyez que je reste avec les hommes qui… toussent auprès de moi… Mais pour qui me prenez-vous donc ? »

Et elle se leva sur le lit tout debout, essayant d'enjamber pour s'en aller.

Il la prit tranquillement par les pieds et la fit s'étaler près de lui, et il riait, moqueur et gai :

« Voyons, Rose, tiens-toi tranquille, à la fin. Tu as toussé. Car c'est toi. Je ne me plains pas, je ne me fâche pas ; je suis content même. Mais, recouche-toi, sacrebleu. »

Cette fois, elle lui échappa d'un bond et sauta dans la chambre ; et elle cherchait éperdument ses vêtements, en répétant : « Et vous croyez que je vais rester auprès d'un homme qui permet à une femme de... tousser dans son lit. Mais vous êtes ignoble, mon cher. »

Alors il se leva, et, d'abord, la gifla. Puis, comme elle se débattait, il la cribla de taloches ; et, la prenant ensuite à pleins bras, la jeta à toute volée dans le lit.

Et comme elle restait étendue, inerte et pleurant contre le mur, il se recoucha près d'elle, puis, lui tournant le dos à son tour, il toussa..., il toussa par quintes..., avec des silences et des reprises. Parfois, il demandait : « en as-tu assez », et, comme elle ne répondait pas, il recommençait.

Tout à coup, elle se mit à rire, mais à rire comme une folle, criant : « Qu'il est drôle, ah ! qu'il est drôle ! »

Et elle le saisit brusquement dans ses bras, collant sa bouche à la sienne, lui murmurant entre les lèvres : « Je t'aime, mon chat. »

Et ils ne dormirent plus... jusqu'au matin.

Telle est mon histoire, mon cher Silvestre. Pardonnez-moi cette incursion sur votre domaine. Voilà encore un mot impropre. Ce n'est pas « domaine » qu'il faudrait dire. Vous m'amusez si souvent que je n'ai pu résister au désir de me risquer un peu sur vos derrières.

Mais la gloire vous restera de nous avoir ouvert, toute large, cette voie.

Les caresses

NON, MON AMI, n'y songez plus. Ce que vous me demandez me révolte et me dégoûte. On dirait que Dieu, car je crois à Dieu, moi, a voulu gâter tout ce qu'il a fait de bon en y joignant quelque chose d'horrible. Il nous avait donné l'amour, la plus douce chose qui soit au monde, mais, trouvant cela trop beau et trop pur pour nous, il a imaginé les sens, les sens ignobles, sales, révoltants, brutaux, les sens qu'il a façonnés comme par dérision et qu'il a mêlés aux ordures du corps, qu'il a conçus de telle sorte que nous n'y pouvons songer sans rougir, que nous n'en pouvons parler qu'à voix basse. Leur acte affreux est enveloppé de honte. Il se cache, révolte l'âme, blesse les yeux, et, honni par la morale, poursuivi par la loi, il se commet dans l'ombre, comme s'il était criminel.

Ne me parlez jamais de cela, jamais !

Je ne sais point si je vous aime, mais je sais que je me plais près de vous, que votre regard m'est doux et que votre voix me caresse le cœur. Du jour où vous auriez obtenu de ma faiblesse ce que vous désirez, vous me deviendriez odieux. Le lien délicat qui nous attache l'un à l'autre serait brisé. Il y aurait entre nous un abîme d'infamie.

Restons ce que nous sommes. Et… aimez-moi si vous voulez, je le permets.

Votre amie,
GENEVIÈVE.

Madame, voulez-vous me permettre à mon tour de vous parler brutalement, sans ménagements galants, comme je parlerais à un ami qui voudrait prononcer des vœux éternels ?

Moi non plus je ne sais pas si je vous aime. Je ne le saurais vraiment qu'après cette chose qui vous révolte tant.

Avez-vous oublié les vers de Musset :

Je me souviens encor de ces spasmes terribles,
De ces baisers muets, de ces muscles ardents,
De cet être absorbé, blême, et serrant les dents.
S'ils ne sont pas divins, ces moments sont horribles.

Cette sensation d'horreur et d'insurmontable dégoût, nous l'éprouvons aussi quand, emportés par l'impétuosité du sang, nous nous laissons aller aux accouplements d'aventure. Mais quand une femme est pour nous l'être d'élection, de charme constant, de séduction infinie que vous êtes pour moi, la caresse devient le plus ardent, le plus complet et le plus infini des bonheurs.

La caresse, madame, c'est l'épreuve de l'amour. Quand notre ardeur s'éteint après l'étreinte, nous nous étions trompés. Quand elle grandit, nous vous aimons.

Un philosophe, qui ne pratiquait point ces doctrines, nous a mis en garde contre ce piège de la nature. La nature veut des êtres, dit-il, et pour nous contraindre à les créer, elle a mis ce double appas de l'amour et de la volupté, auprès du piège. Et il ajoute : Dès que nous nous sommes laissé prendre, dès que l'affolement d'un instant est passé, une tristesse immense nous saisit, car nous comprenons la ruse qui nous a trompés, nous voyons, nous sentons, nous touchons la raison secrète et voilée qui nous a poussés malgré nous.

Cela est vrai souvent, très souvent. Alors nous nous relevons écœurés. La nature nous a vaincus, nous a jetés, à son gré, dans des bras qui s'ouvraient parce qu'elle veut que les bras s'ouvrent.

Oui, je sais les baisers froids et violents sur des lèvres inconnues, les regards fixes et ardents en des yeux qu'on n'a jamais vus et qu'on ne verra plus jamais, et tout ce que je ne peux pas dire, tout ce qui nous laisse à l'âme une amère mélancolie.

Mais, quand cette sorte de nuage d'affection, qu'on appelle l'amour, a enveloppé deux êtres, quand ils ont pensé l'un à l'autre longtemps, toujours, quand le souvenir pendant l'éloignement veille sans cesse, le jour, la nuit, apportant à l'âme les traits du visage, et le sourire, et le son de la voix ; quand on a été obsédé, possédé par la forme absente et toujours visible, dites, n'est-il pas naturel que les bras s'ouvrent enfin, que les lèvres s'unissent, et que les corps se mêlent ?

N'avez-vous jamais eu le désir du baiser ? Dites-moi si les lèvres n'appellent pas les lèvres, et si le regard clair, qui semble couler dans les veines, ne soulève pas des ardeurs furieuses, irrésistibles.

Certes, c'est là le piège, le piège immonde, dites-vous ? Qu'importe, je le sais, j'y tombe, et je l'aime ! La nature nous donne la caresse pour nous cacher sa ruse, pour nous forcer, malgré nous, à éterniser les générations. Eh bien, volons-lui la caresse, faisons-la nôtre, raffinons-la, changeons-la, idéalisons-la, si vous voulez. Trompons, à notre tour, la Nature, cette trompeuse. Faisons plus qu'elle n'a voulu, plus qu'elle n'a pu ou osé nous apprendre. Que la caresse soit comme une matière précieuse sortie brute de la terre, prenons-la et travaillons-la et perfectionnons-la sans souci des desseins premiers, de la Volonté dissimulée de ce que vous appelez Dieu. Et comme c'est la pensée qui poétise tout, poétisons-la, madame, jusque dans ses brutalités terribles, dans nos plus impures combinaisons, jusque dans ses plus monstrueuses inventions.

Aimons la caresse savoureuse comme le vin qui grise, comme le fruit mûr qui parfume la bouche, comme tout ce qui pénètre notre corps de bonheur. Aimons la chair parce qu'elle est belle, parce qu'elle est blanche et ferme, et ronde, et douce, et délicieuse sous la lèvre et sous les mains.

Quand les artistes ont cherché la forme la plus rare et la plus pure pour les coupes où l'art devait boire l'ivresse, ils ont choisi la courbe des seins, dont la fleur ressemble à celle des roses.

Or, j'ai lu dans un livre érudit, qui s'appelle le *Dictionnaire des Sciences médicales*, cette définition de la gorge des femmes, qu'on dirait imaginée par M. Joseph Prudhomme devenu docteur en médecine :

« Le sein peut être considéré chez la femme comme un objet en même temps d'utilité et d'agrément. »

Supprimons, si vous voulez, l'utilité et ne gardons que l'agrément. Aurait-il cette forme adorable qui appelle irrésistiblement la caresse s'il n'était destiné qu'à nourrir les enfants ?

Oui, madame, laissons les moralistes nous prêcher la pudeur, et les médecins la prudence ; laissons les poètes, ces trompeurs toujours trompés eux-mêmes, chanter l'union chaste des âmes et le bonheur immatériel ; laissons les femmes laides à leurs devoirs et les hommes raisonnables à leurs besognes inutiles ; laissons les doctrinaires à leurs doctrines, les prêtres à leurs commandements, et nous, aimons avant tout la caresse qui grise, affole, énerve, épuise, ranime, est plus douce que les parfums, plus légère que la brise, plus aiguë que les blessures, rapide et dévorante, qui fait prier, qui fait pleurer, qui fait gémir, qui fait crier, qui fait commettre tous les crimes et tous les actes de courage !

Aimons-la, non pas tranquille, normale, légale ; mais violente, furieuse, immodérée ! Recherchons-la comme on recherche l'or et le diamant, car elle vaut plus, étant inestimable et passagère ! Poursuivons-la sans cesse, mourons pour elle et par elle !

Et si vous voulez, madame, que je vous dise une vérité que vous ne trouverez, je crois, en aucun livre, – les seules femmes heureuses sur cette terre sont celles à qui nulle caresse ne manque. Elles vivent, celles-là, sans soucis, sans pensées torturantes, sans autre désir que celui du baiser prochain qui sera délicieux et apaisant comme le dernier baiser.

Les autres, celles pour qui les caresses sont mesurées, ou incomplètes, ou rares, vivent harcelées par mille inquiétudes misérables, par des désirs d'argent ou de vanité, par tous les événements qui deviennent des chagrins.

Mais les femmes caressées à satiété n'ont besoin de rien, ne désirent rien, ne regrettent rien. Elles rêvent tranquilles et souriantes, effleurées à peine par ce qui serait pour les autres d'irréparables catastrophes, car la caresse remplace tout, guérit de tout, console de tout !

Et j'aurais encore tant de chose à dire !...

HENRY.

Les caresses

Ces deux lettres, écrites sur du papier japonais en paille de riz, ont été trouvées dans un petit portefeuille en cuir de Russie, sous un prie-Dieu de la Madeleine, hier dimanche, après la messe d'une heure, par

MAUFRIGNEUSE.

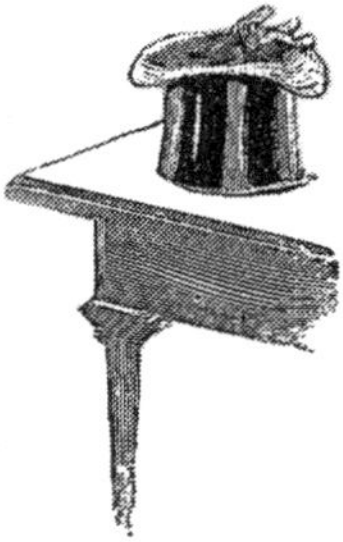

Le moyen de Roger

JE ME PROMENAIS sur le boulevard avec Roger quand un vendeur quelconque cria contre nous :

– Demandez le moyen de se débarrasser de sa belle-mère ! Demandez !

Je m'arrêtai net et je dis à mon camarade :

– Voici un cri qui me rappelle une question que je veux te poser depuis longtemps. Qu'est-ce donc que ce « moyen de Roger » dont ta femme parle toujours. Elle plaisante là-dessus d'une façon si drôle et si entendue, qu'il s'agit, pour moi, d'une potion aux cantharides dont tu aurais le secret. Chaque fois qu'on cite devant elle un jeune homme fatigué, épuisé, essoufflé, elle se tourne vers toi et dit, en riant : « Il faudrait lui indiquer le moyen de Roger. » Et ce qu'il y a de plus drôle dans cette affaire, c'est que tu rougis toutes les fois.

Roger répondit :

– Il y a de quoi, et si ma femme se doutait en vérité de ce dont elle parle, elle se tairait, je te l'assure bien. Je vais te confier cette histoire, à toi.

Tu sais que j'ai épousé une veuve dont j'étais fort amoureux. Ma femme a toujours eu la parole libre et avant d'en faire ma compagne légitime nous avions souvent de ces conversations un peu pimentées, permises d'ailleurs avec les veuves, qui ont gardé le goût du piment dans la bouche. Elle aimait beaucoup les histoires gaies, les anecdotes grivoises, en tout bien tout honneur. Les péchés de langue ne sont pas graves, en certains cas ; elle est hardie, moi je suis un peu timide, et elle s'amusait souvent, avant notre mariage, à m'embarrasser par des questions ou des plaisanteries auxquelles il ne m'était pas facile de répondre. Du reste c'est peut-être cette hardiesse qui m'a rendu amoureux d'elle. Quant à être amoureux, je l'étais des pieds à la tête, corps et âme, et elle le savait, la gredine.

Il fut décidé que nous ne ferions aucune cérémonie, aucun voyage. Après la bénédiction à l'église nous offririons une collation à nos témoins, puis nous ferions une promenade en tête à tête, dans un coupé, et nous reviendrions dîner chez moi, rue du Helder.

Donc, nos témoins partis, nous voilà montant en voiture et je dis au cocher de nous conduire au bois de Boulogne. C'était à la fin de juin ; il faisait un temps merveilleux.

Dès que nous fûmes seuls, elle se mit à rire.

– Mon cher Roger, dit-elle, c'est le moment d'être galant. Voyons comment vous allez vous y prendre.

Interpellé de la sorte, je me trouvai immédiatement paralysé. Je lui baisais la main, je lui répétais :

Je vous aime. Je m'enhardis deux fois à lui baiser la nuque, mais les passants me gênaient. Elle répétait toujours d'un petit air provocant et drôle : Et après… et après… Cet « et après » m'énervait et me désolait. Ce n'était pas dans un coupé, au bois de Boulogne, en plein jour, qu'on pouvait… Tu comprends.

Elle voyait bien ma gêne et s'en amusait. De temps en temps elle répétait :

– Je crains bien d'être mal tombée. Vous m'inspirez beaucoup d'inquiétudes.

Et moi aussi, je commençais à en avoir, des inquiétudes sur moi-même. Quand on m'intimide, je ne suis plus capable de rien.

Au dîner elle fut charmante. Et, pour m'enhardir, je renvoyai mon domestique qui me gênait. Oh ! nous demeurions convenables, mais, tu sais comme les amoureux sont bêtes, nous buvions dans le même verre, nous mangions dans la même assiette, avec la même fourchette. Nous nous amusions à croquer des gaufrettes par les deux bouts, afin que nos lèvres se rencontrassent au milieu.

Elle me dit :

– Je voudrais un peu de champagne.

J'avais oublié cette bouteille sur le dressoir. Je la pris, j'arrachai les cordes et je pressai le bouchon pour le faire partir. Il ne sauta pas. Gabrielle se mit à sourire et murmura :

– Mauvais présage.

Je poussais avec mon pouce la tête enflée du liège, je l'inclinais à droite, je l'inclinais à gauche, mais en vain, et, tout à coup, je cassai le bouchon au ras du verre.

Gabrielle soupira :

– Mon pauvre Roger.

Je pris un tire-bouchon que je vissai dans la partie restée au fond du goulot. Il me fut impossible ensuite de l'arracher ! Je dus rappeler Prosper. Ma femme, à présent, riait de tout son cœur et répétait :

– Ah bien... ah bien... je vois que je peux compter sur vous.

Elle était à moitié grise.

Elle le fut aux trois quarts après le café.

La mise au lit d'une veuve n'exigeant pas toutes les cérémonies maternelles nécessaires pour une jeune fille, Gabrielle passa tranquillement dans sa chambre en me disant :

– Fumez votre cigare pendant un quart d'heure.

Quand je la rejoignis, je manquais de confiance en moi, je l'avoue. Je me sentais énervé, troublé, mal à l'aise.

Je pris ma place d'époux. Elle ne disait rien. Elle me regardait avec un sourire sur les lèvres, avec l'envie visible de se moquer de moi. Cette ironie, dans un pareil moment, acheva de me déconcerter et, je l'avoue, me coupa – bras et jambes.

Quand Gabrielle s'aperçut de mon... embarras, elle ne fit rien pour me rassurer, bien au contraire. Elle me demanda, d'un petit air indifférent :

– Avez-vous tous les jours autant d'esprit ?

Je ne pus m'empêcher de répondre :

– Écoutez, vous êtes insupportable.

Alors elle se remit à rire, mais à rire d'une façon immodérée, inconvenante, exaspérante.

Il est vrai que je faisais triste figure, et que je devais avoir l'air fort sot.

De temps en temps, entre deux crises folles de gaieté, elle prononçait, en étouffant :

– Allons – du courage – un peu d'énergie – mon – mon pauvre ami.

Puis elle se remettait à rire si éperdument, qu'elle en poussait des cris.

À la fin je me sentis si énervé, si furieux contre moi et contre elle que je compris que j'allais la battre si je ne quittais point la place.

Je sautai du lit, je m'habillai brusquement avec rage, sans dire un mot.

Elle s'était soudain calmée et, comprenant que j'étais fâché, elle demanda :

– Qu'est-ce que vous faites ? Où allez-vous ?

Je ne répondis pas. Et je descendis dans la rue. J'avais envie de tuer quelqu'un, de me venger, de faire quelque folie. J'allai devant moi à grands pas, et brusquement la pensée d'entrer chez des filles me vint dans l'esprit.

Qui sait ? ce serait une épreuve, une expérience, peut-être un entraînement ? En tout cas ce serait une vengeance ! Et si jamais je devais être trompé par ma femme elle l'aurait toujours été d'abord par moi.

Je n'hésitai point. Je connaissais une hôtellerie d'amour non loin de ma demeure, et j'y courus, et j'y entrai comme font ces gens qui se jettent à l'eau pour voir s'ils savent encore nager.

Je nageais, et fort bien. Et je demeurai là longtemps, savourant cette vengeance secrète et raffinée. Puis je me retrouvai dans la rue à cette heure fraîche où la nuit va finir. Je me sentais maintenant calme et sûr de moi, content, tranquille, et prêt encore, me semblait-il, pour des prouesses.

Alors, je rentrai chez moi avec lenteur ; et j'ouvris doucement la porte de ma chambre.

Gabrielle lisait, accoudée sur son oreiller. Elle leva la tête et demanda d'un ton craintif :

– Vous voilà ? qu'est-ce que vous avez eu ?

Je ne répondis pas. Je me déshabillai avec assurance. Et je repris, en maître triomphant, la place que j'avais quittée en fuyard.

Elle fut stupéfaite et convaincue que j'avais employé quelque secret mystérieux.

Et maintenant, à tout propos, elle parle du moyen de Roger comme elle parlerait d'un procédé scientifique infaillible.

Mais, hélas ! voici dix ans de cela, et aujourd'hui la même épreuve n'aurait plus beaucoup de chances de succès, pour moi du moins.

Mais si tu as quelque ami qui redoute les émotions d'une nuit de noces, indique-lui mon stratagème et affirme-lui que, de vingt à trente-cinq ans, il n'est point de meilleure manière pour dénouer des aiguillettes, comme aurait dit le sire de Brantôme.

Joseph

ELLES ÉTAIENT GRISES, tout à fait grises, la petite baronne Andrée de Fraisières et la petite comtesse Noëmi de Gardens.

Elles avaient dîné en tête à tête, dans le salon vitré qui regardait la mer. Par les fenêtres ouvertes, la brise molle d'un soir d'été entrait, tiède et fraîche en même temps, une brise savoureuse d'océan. Les deux jeunes femmes, étendues sur leurs chaises longues, buvaient maintenant de minute en minute une goutte de chartreuse en fumant des cigarettes, et elles se faisaient des confidences intimes, des confidences que seule cette jolie ivresse inattendue pouvait amener sur leurs lèvres.

Leurs maris étaient retournés à Paris dans l'après-midi, les laissant seules sur cette petite plage déserte qu'ils avaient choisie pour éviter les rôdeurs galants des stations à la mode. Absents cinq jours sur sept, ils redoutaient les parties de campagne, les déjeuners sur l'herbe, les leçons de natation et la rapide familiarité qui naît dans le désœuvrement des villes d'eaux. Dieppe, Étretat, Trouville leur paraissant donc à craindre, ils avaient loué une maison bâtie et abandonnée par un original dans le vallon de Roqueville, près Fécamp, et ils avaient enterré là leurs femmes pour tout l'été.

Elles étaient grises. Ne sachant qu'inventer pour se distraire, la petite baronne avait proposé à la petite comtesse un dîner fin, au champagne. Elles s'étaient d'abord beaucoup amusées à cuisiner elles-mêmes ce dîner ; puis elles l'avaient mangé avec gaieté en buvant ferme pour calmer la soif qu'avait éveillée dans leur gorge la chaleur des fourneaux. Maintenant elles bavardaient et déraisonnaient à l'unisson en fumant des cigarettes et en se gargarisant doucement avec la chartreuse. Vraiment, elles ne savaient plus du tout ce qu'elles disaient.

La comtesse, les jambes en l'air sur le dossier d'une chaise, était plus partie encore que son amie.

– Pour finir une soirée comme celle-là, disait-elle, il nous faudrait des amoureux. Si j'avais prévu ça tantôt, j'en aurais fait venir deux de Paris et je t'en aurais cédé un…

– Moi, reprit l'autre, j'en trouve toujours ; même ce soir, si j'en voulais un, je l'aurais.

– Allons donc ! À Roqueville, ma chère ? un paysan, alors.

– Non, pas tout à fait.

– Alors, raconte-moi.

– Qu'est-ce que tu veux que je te raconte ?

– Ton amoureux ?

– Ma chère, moi je ne peux pas vivre sans être aimée. Si je n'étais pas aimée, je me croirais morte.

– Moi aussi.

– N'est-ce pas ?

– Oui. Les hommes ne comprennent pas ça ! nos maris surtout !

– Non, pas du tout. Comment veux-tu qu'il en soit autrement ? L'amour qu'il nous faut est fait de gâteries, de gentillesses, de galanteries. C'est la nourriture de notre cœur, ça. C'est indispensable à notre vie, indispensable, indispensable...

– Indispensable.

– Il faut que je sente que quelqu'un pense à moi, toujours, partout. Quand je m'endors, quand je m'éveille, il faut que je sache qu'on m'aime quelque part, qu'on rêve de moi, qu'on me désire. Sans cela je serais malheureuse, malheureuse. Oh ! mais malheureuse à pleurer tout le temps.

– Moi aussi.

– Songe donc que c'est impossible autrement. Quand un mari a été gentil pendant six mois, ou un an, ou deux ans, il devient forcément une brute, oui, une vraie brute... Il ne se gêne plus pour rien, il se montre tel qu'il est, il fait des scènes pour les notes, pour toutes les notes. On ne peut pas aimer quelqu'un avec qui on vit toujours.

– Ça, c'est bien vrai.

– N'est-ce pas ?... Où donc en étais-je ? Je ne me rappelle plus du tout.

– Tu disais que tous les maris sont des brutes !

– Oui, des brutes… tous.
– C'est vrai.
– Et après ?…
– Quoi, après ?
– Qu'est-ce que je disais après ?
– Je ne sais pas, moi, puisque tu ne l'as pas dit.
– J'avais pourtant quelque chose à te raconter.
– Oui, c'est vrai, attends ?…
– Ah ! j'y suis…
– Je t'écoute.
– Je te disais donc que moi, je trouve partout des amoureux.
– Comment fais-tu ?
– Voilà. Suis-moi bien. Quand j'arrive dans un pays nouveau, je prends des notes et je fais mon choix.
– Tu fais ton choix ?
– Oui, parbleu. Je prends des notes d'abord. Je m'informe. Il faut avant tout qu'un homme soit discret, riche et généreux, n'est-ce pas ?
– C'est vrai ?
– Et puis, il faut qu'il me plaise comme homme.
– Nécessairement.
– Alors je l'amorce.
– Tu l'amorces ?
– Oui, comme on fait pour prendre du poisson. Tu n'as jamais pêché à la ligne ?
– Non, jamais.
– Tu as eu tort. C'est très amusant. Et puis c'est instructif. Donc, je l'amorce…
– Comment fais-tu ?

– Bête, va. Est-ce qu'on ne prend pas les hommes qu'on veut prendre, comme s'ils avaient le choix ! Et ils croient choisir encore… ces imbéciles… mais c'est nous qui choisissons… toujours… Songe donc, quand on n'est pas laide, et pas sotte, comme nous, tous les hommes sont des prétendants, tous, sans exception. Nous, nous les passons en revue du matin au soir, et quand nous en avons visé un nous l'amorçons…

– Ça ne me dit pas comment tu fais ?

– Comment je fais ?… mais je ne fais rien. Je me laisse regarder, voilà tout.

– Tu te laisses regarder ?…

– Mais oui. Ça suffit. Quand on s'est laissé regarder plusieurs fois de suite, un homme vous trouve aussitôt la plus jolie et la plus séduisante de toutes les femmes. Alors il commence à vous faire la cour. Moi je lui laisse comprendre qu'il n'est pas mal, sans rien dire bien entendu ; et il tombe amoureux comme un bloc. Je le tiens. Et ça dure plus ou moins, selon ses qualités.

– Tu prends comme ça tous ceux que tu veux ?

– Presque tous.

– Alors, il y en a qui résistent ?

– Quelquefois.

– Pourquoi ?

– Oh ! pourquoi ? On est Joseph pour trois raisons. Parce qu'on est très amoureux d'une autre. Parce qu'on est d'une timidité excessive et parce qu'on est… comment dirai-je ?… incapable de mener jusqu'au bout la conquête d'une femme…

– Oh ! ma chère !... Tu crois ?...

– Oui... oui... J'en suis sûre... il y en a beaucoup de cette dernière espèce, beaucoup, beaucoup... beaucoup plus qu'on ne croit. Oh ! ils ont l'air de tout le monde... ils sont habillés comme les autres... ils font les paons... Quand je dis les paons... je me trompe, ils ne pourraient pas se déployer.

– Oh ! ma chère...

– Quant aux timides, ils sont quelquefois d'une sottise imprenable. Ce sont des hommes qui ne doivent pas savoir se déshabiller, même pour se coucher tout seuls, quand ils ont une glace dans leur chambre. Avec ceux-là, il faut être énergique, user du regard et de la poignée de main. C'est même quelquefois inutile. Ils ne savent jamais comment ni par où commencer. Quand on perd connaissance devant eux, comme dernier moyen... ils vous soignent... Et pour peu qu'on tarde à reprendre ses sens... ils vont chercher du secours.

Ceux que je préfère, moi, ce sont les amoureux des autres. Ceux-là, je les enlève d'assaut, à... à... à... à la bayonnette, ma chère !

– C'est bon, tout ça, mais quand il n'y a pas d'hommes, comme ici, par exemple.

– J'en trouve.

– Tu en trouves. Où ça ?

– Partout. Tiens, ça me rappelle mon histoire.

« Voilà deux ans, cette année, que mon mari m'a fait passer l'été dans sa terre de Bougrolles. Là, rien... mais tu entends, rien de rien, de rien, de rien ! Dans les manoirs des environs, quelques lourdauds dégoûtants, des chasseurs de poil et de plume vivant dans des châteaux sans baignoires, de ces hommes qui transpirent et se couchent par là-dessus, et qu'il serait impossible de corriger, parce qu'ils ont des principes d'existence malpropres.

« Devine ce que j'ai fait ?

– Je ne devine pas !

– Ah ! ah ! ah ! Je venais de lire un tas de romans de George Sand pour l'exaltation de l'homme du peuple, des romans où les ouvriers sont sublimes et tous les hommes du monde criminels. Ajoute à cela que j'avais vu *Ruy Blas* l'hiver précédent et que ça m'avait beaucoup frappée. Eh bien ! un de nos fermiers avait un fils, un beau gars de vingt-deux ans, qui avait étudié pour être prêtre, puis quitté le séminaire par dégoût. Eh bien, je l'ai pris comme domestique !

– Oh !... Et après !...

– Après... après, ma chère, je l'ai traité de très haut, en lui montrant beaucoup de ma personne. Je ne l'ai pas amorcé, celui-là, ce rustre, je l'ai allumé !...

– Oh ! Andrée !

– Oui, ça m'amusait même beaucoup. On dit que les domestiques, ça ne compte pas ! Eh bien il ne comptait point. Je le sonnais pour les ordres chaque matin quand ma femme de chambre m'habillait, et aussi chaque soir quand elle me déshabillait.

– Oh ! Andrée ?

– Ma chère, il a flambé comme un toit de paille. Alors, à table, pendant les repas, je n'ai plus parlé que de propreté, de soins du corps, de douches, de bains. Si bien qu'au bout de quinze jours il se trempait matin et soir dans la rivière, puis se parfumait à empoisonner le château. J'ai même été obligée de lui interdire les parfums, en lui disant, d'un air furieux, que les hommes ne devaient jamais employer que l'eau de Cologne.

– Oh ! Andrée !

– Alors, j'ai eu l'idée d'organiser une bibliothèque de campagne. J'ai fait venir quelques centaines de romans moraux que je prêtais à tous nos paysans et à mes domestiques. Il s'était glissé dans ma collection quelques livres... quelques livres... poétiques... de ceux qui troublent les âmes... des pensionnaires et des collégiens... Je les ai donnés à mon valet de chambre. Ça lui a appris la vie... une drôle de vie.

– Oh... Andrée !

– Alors je suis devenue familière avec lui, je me suis mise à le tutoyer. Je l'avais nommé Joseph. Ma chère, il était dans un état... dans un état effrayant... Il devenait maigre comme... comme un coq... et il roulait des yeux de fou. Moi je m'amusais énormément. C'est un de mes meilleurs étés...

– Et après ?...

– Après... oui... Eh bien, un jour que mon mari était absent, je lui ai dit d'atteler le panier pour me conduire dans les bois. Il faisait très chaud, très chaud... Voilà !

– Oh ! Andrée, dis-moi tout... Ça m'amuse tant.

– Tiens, bois un verre de chartreuse, sans ça je finirais le carafon toute seule. Eh bien après, je me suis trouvée mal en route.

– Comment ça ?

– Que tu es bête. Je lui ai dit que j'allais me trouver mal et qu'il fallait me porter sur l'herbe. Et puis quand j'ai été sur l'herbe, j'ai suffoqué et je lui ai dit de me délacer. Et puis, quand j'ai été délacée, j'ai perdu connaissance.

– Tout à fait.

– Oh non, pas du tout.

– Eh bien ?

– Eh bien ! j'ai été obligée de rester près d'une heure sans connaissance. Il ne trouvait pas de remède. Mais j'ai été patiente, et je n'ai rouvert les yeux qu'après sa chute.

– Oh ! Andrée !... Et qu'est-ce que tu lui as dit ?

– Moi rien ! Est-ce que je savais quelque chose, puisque j'étais sans connaissance ? Je l'ai remercié. Je lui ai dit de me remettre en voiture ; et il m'a ramenée au château. Mais il a failli verser en tournant la barrière !

– Oh ! Andrée ! Et c'est tout ?...

– C'est tout...

– Tu n'as perdu connaissance qu'une fois ?

– Rien qu'une fois, parbleu ! Je ne voulais pas faire mon amant de ce goujat.

– L'as-tu gardé longtemps après ça ?

– Mais oui. Je l'ai encore. Pourquoi est-ce que je l'aurais renvoyé. Je n'avais pas à m'en plaindre.

– Oh ! Andrée ! Et il t'aime toujours ?

– Parbleu.

– Où est-il ?

La petite baronne étendit la main vers la muraille et poussa le timbre électrique. La porte s'ouvrit presque aussitôt, et un grand valet entra qui répandait autour de lui une forte senteur d'eau de Cologne.

La baronne lui dit : « Joseph, mon garçon, j'ai peur de me trouver mal, va me chercher ma femme de chambre. »

L'homme demeurait immobile comme un soldat devant un officier, et fixait un regard ardent sur sa maîtresse, qui reprit : « Mais va donc vite, grand sot, nous ne sommes pas dans le bois aujourd'hui, et Rosalie me soignera mieux que toi. »

Il tourna sur ses talons et sortit.

La petite comtesse, effarée, demanda :

– Et qu'est-ce que tu diras à ta femme de chambre ?

– Je lui dirai que c'est passé ! Non, je me ferai tout de même délacer. Ça me soulagera la poitrine, car je ne peux plus respirer. Je suis grise… ma chère… mais grise à tomber si je me levais.

TABLE

Contes sensuels

Imprimé en Espagne par Novoprint (Barcelone)